Table

Préface

Quand il était Premier ministre de Nicolas Sarkozy, il s'agaçait souvent, pas seulement du mépris élyséen. Mais il trouvait que ce président en disait beaucoup pour en faire moins. Il s'était impatienté dans la réforme des retraites, qu'il aurait bien achevé en quelques jours, de voir le chef chercher la lumière. Il trouvait Sarkozy moins fort et moins déterminé, toujours tenté de distractions et de fioritures.

L'écologie, l'ouverture, la pavane démocratique face à Poutine… Ce n'était pas son truc. Quand la crise les prit à la gorge, après les dépenses de survie, il imposa une ligne de rigueur budgétaire à ce président tenté par la démagogie; il lui fit sentir qui aurait la main, quand il fut confirmé à Matignon…

On considérait que François Fillon modérait Nicolas Sarkozy, singulièrement dans ses échappées buissonnières, quand il alla chercher des recettes de survie dans la droite extrême -il a persisté depuis. Fillon n'avait pas tant de souci sur le fond que dans la forme.

Fillon n'était pas hystérique. Il n'avait pas besoin d'en rajouter. Il était, tout simplement, bien plus à droite que Nicolas Sarkozy. Si être de droite est considérer que l'économie doit être administrée sans pitié; que l'ordre prime; que la tradition nous garde; que nous ne venons pas de nulle part…

Il n'est pas besoin de crier pour être de droite. Francois Fillon est souriant, urbain, poli, vengeur, et vrai. Il rencontre la droite dans ses aspirations. La purge libérale en économie, la restauration identitaire en société. Il le dit en élégance.

Il vient d'une France douce, tempérée, modérée, mais où flottent des vapeurs réactionnaires, jamais totalement dissipées. C'est Fillon qui, pour justifier ses duretés économiques, va chercher l'exemple du paysan de la Sarthe, qui sait ce qu'un sou vaut et ce que travailler veut dire, et oppose cette sagesse à l'errance des villes.

On n'est pas par hasard cet homme qui rentre en campagne pour la primaire de la droite en rappelant qu'il est allé à l'Assomption, à l'abbaye de Solesmes, son village, twittant cette piété pour que nul ne la rate, affichant le message: «Retrouver nos racines chrétiennes et l'esprit des Béatitudes»... Puis opposant, dans son premier discours de candidat, cette piété authentique à l'artificialité des postures sarkozystes: «*Ce n'est pas en se précipitant à la messe du 15 août après avoir convoqué les photographes ou en courant au Vatican pour tenter de regagner quelques voix chez les catholiques après les avoir provoqués, maltraités et même parfois réprimés que l'on se montre à la hauteur de ce rendez vous de l'Histoire.*»

Le score de François Fillon – trois fois supérieur aux chiffres que lui donnaient les sondages il y a encore un mois – est le signe de la revanche d'une droite de conviction. D'une droite qui ne voulait ni de surenchères verbales, ni d'une alternance molle. François Fillon est entré en campagne il y a trois ans. Il a patiemment construit un programme de rupture. Il a sillonné le pays pendant des mois et des mois afin de faire part de ses convictions. En l'espace de trois ans il n'a jamais changé d'un iota son discours. Et il a fait preuve d'une persévérance et d'une endurance incroyable alors que d'autres candidats auraient pu se décourager devant les mauvais chiffres qu'on lui promettait.

Sa victoire c'est celle d'une droite qui souhaite justement voir le pays dirigé par un homme droit, persévérant, et qui ne change pas de discours au gré des évènements. Bref d'une droite de conviction

Contrairement à Nicolas Sarkozy, il incarne une droite tranquille. Mais c'est évident qu'il s'agit d'une droite conservatrice. Chez nous, le terme est péjoratif contrairement au monde anglo-saxon où les conservateurs ont donné le nom à un grand parti.

Cette droite est largement influencée par les catholiques. Et nous devons prendre la mesure de cette réaffirmation du catholicisme dans la France du 21e siècle. L'électorat catholique s'est réduit mais c'est une composante incontournable depuis la Manif pour tous. Aujourd'hui la partie marchante de l'Église n'est plus la gauche mais la droite. Cela est nouveau et va poser des problèmes à la gauche, à la République, avec l'islam en toile de fond.

François Fillon incarne une époque de rupture entre l'Église et le pouvoir. la Manif pour tous a été un grand tournant dans l'histoire du catholicisme et de la République. Tout au long du 19e siècle il y a une montée de l'hostilité contre l'Église qui culmine en 1905. Pendant le 20e siècle on observe un mouvement de rapprochement favorisé par les guerres – je pense à la fraternité des tranchées, à la place des catholiques dans la résistance et enfin à la guerre d'Algérie où les catholiques de gauche donnent des leçons à la gauche. Ce mouvement séculaire s'interrompt symboliquement avec la Manif pour tous.

Le choix de François Fillon en tête du premier tour des primaires de la droite et du centre est la première intervention directe de l'Eglise dans la vie politique en France. C'est l'intervention du catholicisme politique qui a permis à François Fillon de triompher. L'Eglise a demandé à ses fidèles de voter pour lui...

Manif pour tous

A Angers, dimanche 20 novembre, la majorité des catholiques sont allée contribuer à la très large victoire de François Fillon. Le candidat a obtenu 51,8 % des voix dans la ville à l'issue du premier tour de la primaire de la droite, un score encore supérieur à sa moyenne nationale (44,1 %).

Dans la préfecture de Maine-et-Loire, l'électorat conservateur de la paroisse brandit surtout un argument : « *Fillon représente le plus les valeurs auxquelles je crois. Les valeurs de famille, de droiture*», affirme Véronique Dewé, secrétaire de 52 ans, vélo garé près de l'église. Des «valeurs chrétiennes», abonde Bertrand Monnier, 28 ans, maître d'œuvre en bâtiment croisé dans le centre-ville avec femme et enfant. «Ça fait longtemps que j'ai pas mal voté par défaut, mais là, je m'y retrouve.»

L'ancien premier ministre incarne désormais «le vote utile», selon l'expression de Pierre, 51 ans, cadre dans une collectivité locale. Un vote refuge pour les adeptes de *La Manif pour tous* qui ont un temps envisagé de se tourner vers le marginal Jean-Frédéric Poisson, dirigeant du Parti chrétien-démocrate (1,5 % des voix en France). «*Poisson aurait été mon candidat de cœur. Il a des idées qui correspondent à ma religion, à ma pratique. Mais je pense que Fillon n'est pas très éloigné de ces idées-là et qu'il est sans doute susceptible d'accueillir plus de monde sur son programme.*»

Favorable à la réécriture de la loi Taubira pour interdire l'adoption plénière par des couples homosexuels, et regrettant d'avoir un jour présenté l'avortement comme un «droit fondamental», M. Fillon bénéficiait déjà du soutien de *Sens commun*, émanation politique du mouvement opposé au «mariage pour tous».

Anne, l'épouse de Pierre, a une voix discrète. Comme son conjoint, cette enseignante de lettres dans un lycée professionnel tient à son anonymat. Comme lui, elle restera silencieuse sur la proposition de Fillon de supprimer 500 000 postes de fonctionnaires durant le prochain quinquennat. Et, comme lui, Anne veut «*faire barrage à [Alain] Juppé*», qu'elle considère comme «*un homme de gauche déguisé en homme de droite*». «*Au niveau des valeurs de la famille et des valeurs chrétiennes, il est zéro !*»

Sœur Monique, elle, a d'autres soucis que la loi Taubira et le mariage pour tous. La religieuse, habillée en civil, a voté Fillon surtout en opposition à Nicolas Sarkozy. «*J'avais envie de quelqu'un de calme. Je ne veux absolument pas de Sarko. Je vis en colocation avec des étudiantes, alors l'agitation, je n'ai pas besoin d'en rajouter. Pas besoin d'insolence non plus.*» A 63 ans, la sœur se sent de moins en moins «idéologue» : elle compte également se rendre à la primaire de la gauche, en janvier. Plutôt pour soutenir le premier ministre actuel, Manuel Valls, s'il se présente au scrutin.

Dans une allusion à peine voilée à M. Sarkozy et M. Juppé, Philippe, un kinésithérapeute de 51 ans, estime que «*François Fillon ne traîne pas derrière lui des casseroles comme d'autres candidats à droite. Il n'a pas de casier judiciaire, et c'est une chose qui compte dans l'honnêteté et l'intégrité de cet homme.*» Ancienne municipalité socialiste, Angers a placé en deuxième position de la primaire Alain Juppé avec un score légèrement au-dessus (29,9 %) de sa moyenne nationale. Ce dernier avait l'appui de Christophe Béchu, maire (LR) de la ville depuis 2014. Il a aussi profité de la faillite locale de Nicolas Sarkozy, descendu à seulement 10,9 % des suffrages angevins.

Philippe insiste. Il apprécie aussi François Fillon pour son programme. Aussi libéral sur le plan économique que conservateur sur le plan sociétal. En politique intérieure, le kiné espère «une fermeté dans le rééquilibre de la dette publique». Toujours selon Philippe, qui a requis l'anonymat au nom de «responsabilités associatives», la russophilie assumée de M. Fillon aurait aussi du bon : «Il veut notamment rééquilibrer la politique internationale française, être moins à la botte des Américains. Cette idée me plaît beaucoup, je pense qu'elle est un gage de paix à venir.»

«Très franchement, j'ai longtemps hésité entre Fillon et Juppé», reconnaît Laurent Bezie, 40 ans, avocat de profession. Tous les déplacements de M. Fillon et ses apparitions télévisées ont, semble-t-il, achevé de le décider. «Fillon est celui qui a fait la plus belle campagne. Juppé a plutôt surfé sur ce qu'il était déjà.» Insuffisant, à l'évidence, pour convaincre la majorité des paroissiens de Saint-Joseph.

Sens Commun

On n'est pas en vain soutenu par les jeunes ultra conservateurs, ultra catholiques, modernes et antiques à la fois, de Sens commun, ces enfants doux de la branche piétiste des adversaires du mariage gay.

«Les héros de la France, ce ne sont pas les gens de la télé-réalité, ce ne sont pas non plus les footballeurs, malgré leurs talents, les Nabila et que sais-je encore. Non, les vrais héros français sont les paysans qui ont fait notre histoire, les scientifiques et les inventeurs qui ont fait notre renommée, l'Église catholique, les philosophes, les soldats de l'an II, les poilus…»

C'est Fillon qui veut, sans cri, mettre l'Islam sous tutelle, puisque cette foi n'est pas nôtre et devra se soumettre, puisque les musulmans, avant la soumission, ne sauraient être de France: «*C'est une condition non négociable. C'est la condition de leur acceptation au sein de la communauté nationale.*»

C'est Fillon qui, face aux étrangetés du monde, considère comme encombrantes les mollesses des lumières, et ne voit pourquoi on offrirait l'égalité à l'Islam ou l'on opposerait les droits de l'homme à Poutine. C'est Fillon enfin, qui s'affirme en homme des honnêtetés d'avant les parvenus, qui aurait bien poussé Sarkozy, cet affairiste de circonstance douteuses, dans les geôles socialistes, et en appelle aux mânes du Général pour le disqualifier.

Le President du Sens Commun déclare à propos de François Fillon :
« *Nous avons voulu faire un choix conforme à nos valeurs fondamentales, articulées autour de la famille, l'économie, la culture et l'Europe. Nous avons rencontré François Fillon, Bruno Le Maire, Hervé Mariton et Jean-Frédéric Poisson ainsi que les équipes de Nicolas Sarkozy et d'Alain Juppé. Après avoir examiné l'ensemble des programmes, nous avons observé les convergences et la cohérence avec nos valeurs. Outre le programme de Jean-Frédéric Poisson qui a fait le choix d'une stratégie d'influence de l'extérieur, il est apparu que celui de François Fillon permet d'établir de réels points de convergence.*

Nous avons originellement choisi de peser à l'intérieur des Républicains, avec loyauté mais sans naïveté. Notre choix devait donc se porter sur un candidat présidentiable, en vue de l'alternance, pour mettre fin à l'état de dislocation de notre pays, de ses institutions et de ses valeurs fondamentales. François Fillon nous apparaît dès lors comme celui dont nous devons nous rapprocher. Pour cette raison, nous le soutiendrons dans la campagne de la primaire, et ensuite pendant la campagne présidentielle s'il est le candidat désigné par les sympathisants de la droite. »

Sur la famille, François Fillon propose de revenir sur la loi Taubira en contrôlant et sanctuarisant la filiation. Ce point est essentiel pour nous car la famille demeure la pierre angulaire de toute civilisation. En matière d'autorité et de rapport à l'Etat, il veut un Etat fort, musclé sans être obèse, concentré sur les fonctions régaliennes et stratégiques. Concernant l'économie, François Fillon dispose d'un projet particulièrement élaboré qui a en outre l'avantage de faire de l'homme une finalité. Il veut développer une économie prospère, raisonnable, au service de l'homme. Cette vision proche de celle du général de Gaulle nous satisfait. Enfin, concernant l'avenir de l'Europe, au moment du Brexit, François Fillon a affirmé que les normes ne peuvent s'imposer sans les peuples, que les peuples doivent pouvoir reprendre la maîtrise de leur destin et être souverains. Cela reflète précisément ce que nous pensons.

Il y a une nécessité pour nous de soutenir un homme politique qui allie vision stratégique et génie des circonstances. Un vrai sens de l'Etat. François Fillon nous semble être cet homme : il sera un chef d'Etat qui endossera véritablement les habits de la Ve République, dans une cohérence soucieuse du « temps long », à distance de l'agitation médiatique et du diktat des sondages. Les Français en ont perdu l'habitude.

Nous devrons continuer de convaincre nos sympathisants que François Fillon est le candidat qui a le plus de cohérence par rapport aux idées et aux valeurs que nous défendons. Nous savons nos adhérents sensibles, entre autres sujets, à la défense des Chrétiens d'Orient, à la protection de la famille et de la filiation, au redressement de l'Etat et de notre économie, autant de sujets sur lesquels François Fillon s'est clairement engagé.

Il faut travailler dès maintenant dans la campagne. Le débat de la primaire va définir le débat de la présidentielle. Nous en sommes convaincus. C'était un devoir d'être présent. Les médias, malgré les nombreux sondages qui paraissent, n'ont pas d'idée de ce qui va se passer. Nous tenons par ailleurs à le préciser clairement : ce choix ne nous engage pas pour le deuxième tour. Sens Commun garde toute sa liberté pour définir son positionnement pour le deuxième scrutin.

Nous allons tout faire pour que François Fillon gagne cette élection cruciale pour notre pays et il peut y arriver. Si ce n'est pas le cas, vous avez certainement observé que parmi les soutiens de François Fillon, figurent le président du Sénat Gérard Larcher, de nombreux parlementaires et des centaines d'élus. Quel que soit le candidat qui gagnera la primaire, il ne pourra gouverner sans les soutiens de François Fillon, dont nous faisons partie.

Le vote catho

Petit à petit l'électorat chrétien et catholique pèse dans le débat public. Il pèse, certes de manière encore extrêmement disparate, mais il est présent. François Fillon est parfaitement conscient du vote catho. Ensuite, il est très clair que les catholiques ont fait des choix qui sont différents. Ceux qu'on considère estampillés «Manif pour tous» se sont portés très majoritairement sur François Fillon. C'est leur décision. Les lecteurs de Famille Chrétienne ont visiblement, comme beaucoup de catholiques français, préféré soutenir ce candidat.

«Traditionnellement, il n'y a pas de vote catholique en France, rappelle Bruno Retailleau, sénateur de Vendée et président du groupe LR à la chambre haute. Mais on peut dire qu'il est le candidat des territoires, capable d'agréger le vote catholique et de tous ceux qui en ont assez que la France tombe. Il n'est pas un catholique identitaire. Il ne brandit pas sa foi de manière électoraliste. »

Selon Valérie Boyer, députée de Marseille et porte-parole du Sarthois, «ce n'est pas un bonimenteur. Il n'est pas dans l'esbroufe. Il n'est pas un catholique de cinéma, et les électeurs l'ont senti ».

Cent trente « référents » de Sens commun ont ainsi pris part à 200 réunions publiques. Madeleine de Jessey, porte-parole, a participé aux meetings de François Fillon, notamment le 21 septembre au Cirque d'hiver à Paris. Ce soir-là, dans l'assistance, les catholiques étaient en nombre, à en juger par leurs applaudissements à chaque propos de François Fillon sur la famille, mais aussi sur les chrétiens d'Orient ou l'état de la société.

Comme lorsqu'il critiquait la référence faite par certains aux communautarismes pour ne pas avoir à nommer « le problème concret que nous avons avec une branche radicale de l'islam. Les catholiques, les protestants, les juifs, les bouddhistes, les sikhs ne menacent pas l'unité nationale. »

En visant le « totalitarisme islamique », François Fillon rassure des milieux catholiques rétifs à un discours laïque globalisant sur le religieux. Pudique sur sa vie privée, François Fillon n'a jamais caché sa foi, à laquelle il consacre un chapitre dans le livre Faire (Albin Michel), qui lance sa candidature à la rentrée 2015.

Si ses soutiens sont de toutes sensibilités, nombre de ses plus proches collaborateurs sont de fervents chrétiens, à l'instar des deux porte-parole, Valérie Boyer et Jérôme Chartier, ou le président de la région Pays de la Loire, Bruno Retailleau.

Incarnant un catholicisme plus identitaire, le Sarthois ne semblait pourtant pas en avoir tiré profit en début de campagne. Selon une enquête Ifop réalisée entre septembre et novembre, les intentions de vote des catholiques pratiquants ne différaient guère de celles de l'ensemble des électeurs.

Mais cette enquête n'a pas pu prendre en compte le décollage du troisième homme qui a véritablement eu lieu en fin de campagne. Jérôme Fourquet, de l'Ifop, souligne que les catholiques pratiquants représentent environ 15 % des électeurs potentiels de la primaire. « Une forte minorité, mais qui se déplace davantage aux urnes. Il est certain que cet électorat a participé à la dynamique très forte des derniers jours. »

Jérôme Fourquet souligne aussi le ton que l'ex-premier ministre a su imposer dans les débats télévisés : « Pour les catholiques de droite, François Fillon représente une bonne synthèse entre une stature de présidentiable et une radicalité idéologique. »

Le Pape

Le pape François dit : « Tout est lié ». C'est vrai sur le plan spirituel : le Roi de l'univers récapitulera tout en Lui. C'est vrai aussi sur le plan temporel : comme disait Bossuet, « Dieu se rit de ceux qui déplorent les effets dont ils chérissent les causes ». La cause de nos dérives « sociétales » est la société de marché. Le pape François critique radicalement cette société. Contre elle, il maintient que le mariage ne concerne anthropologiquement que le couple homme-femme...

François n'a donc jamais critiqué ceux qui, en France, se sont mobilisés pour défendre cette évidence.

La Lettre de François Fillon

Messieurs les Évêques,

J'ai lu avec attention le texte que vous avez adressé aux habitants de notre pays : « Dans un monde qui change, retrouver le sens du politique ». En prenant la parole sur des questions essentielles qui traversent notre pays, l'Eglise de France est dans son rôle. La gravité de votre propos doit nous interpeller, votre espérance aussi.

Comme vous le soulignez, « la crise de la politique est d'abord une crise de confiance envers ceux qui sont chargés de veiller au bien commun et à l'intérêt général ». Cette défiance, je m'efforce d'y répondre par un discours de vérité, avec le souci de restaurer un pouvoir digne dans ses comportements et efficace dans ses engagements.

Vous vous inquiétez « d'une société en tension », ébranlée par le chômage de masse et les inégalités. Oui cette crise éminemment sociale se double désormais d'une angoisse existentielle. L'avenir se heurte à nos conservatismes économiques et sociaux ; le repli individualiste prend le pas sur le goût de vivre ensemble ; l'homme contemporain cherche un sens à sa vie… Tout n'est pourtant pas sombre, et bien des Français se révèlent grands dans l'épreuve et sont disposés à relancer leur pays. Comme l'écrivait Benoit XVI, il faut « saisir toutes les opportunités du bien, les espoirs, les nouvelles possibilités de l'Homme ».

Je crois profondément que notre pays possède les ressources nécessaires pour se redresser.

Elles sont d'abord dans notre histoire, notre culture et nos valeurs. Depuis trop longtemps, la France doute d'elle-même, alors que nous devrions être fiers de ce que nous avons reçu en héritage. La dignité de la personne humaine et la tolérance, le souci du faible et de l'égalité, l'esprit d'entreprendre et la liberté : autant de valeurs héritées du christianisme et des Lumières, autant de valeurs et d'idées qui ont germé en France et en Europe pour faire valoir une certaine conception de l'Homme. Sans elles, nous perdons de vue qui nous sommes, c'est-à-dire notre identité. L'enjeu est décisif, car si l'Europe et la France s'éloignent des valeurs qui les ont animées pendant des siècles, personne ne sera là pour les défendre. Face à la montée de ce que j'appelle le « totalitarisme islamique » nous devons opposer la certitude de nos valeurs, sans céder au relativisme. Confrontés à l'uniformité souvent écrasante de la mondialisation, nous devons rappeler la singularité de notre civilisation.

Après le Brexit et la crise des migrants, vous soulignez que la survie de l'Europe est posée. Oui, le divorce du Royaume-Uni constitue un précédent inquiétant dans l'histoire de l'Union européenne. Oui, l'afflux des migrants est un défi moral et politique. Nous devons être fidèles au droit d'asile, ce principe qui est aussi ancien que la chrétienté. Mais nous devons protéger nos frontières car il est impossible d'accueillir sans distinction tous les migrants au risque de ne plus pouvoir intégrer personne.

L'avenir de l'Europe sera un des grands défis du prochain Président de la République. Il faut, selon moi, nous écarter d'une conception trop bureaucratique. Il faut fixer à l'Union européenne des priorités stratégiques et renvoyer tout le reste à la responsabilité des nations. La zone euro doit être plus efficace et plus démocratique. Le tandem franco-allemand doit être réinventé car c'est la locomotive de l'Europe. Mais pour faire tout cela, il faut une France forte qui entraîne ses partenaires ! Aujourd'hui, il n'y a plus ni vision, ni leadership.

Vous en appelez à une nouvelle espérance pour les Français. Rien ne m'est plus cher, mais l'espérance commande des changements concrets. Notre pays est bloqué, il décroche sur le plan économique, il s'enfonce sous le poids des réglementations, des déficits et des dettes. « L'espérance, c'est de faire face », écrivait Georges Bernanos.

Mon projet est radical car la situation doit être radicalement changée. Je m'interdis toute démagogie : j'affirme que le progrès exige des efforts partagés, des adaptations.

J'ai fait de l'emploi ma priorité absolue. Oui, je vous rejoins, le chômage est la première des inégalités. Il mine notre société de l'intérieur. Quand 2 millions de jeunes ne sont ni en formation ni en situation d'emploi, il n'est plus possible d'être immobile. Je veux donc lever toutes les entraves au développement des entreprises pour relancer une dynamique vertueuse de croissance et d'emplois. Je veux réformer le marché du travail, réformer la fiscalité du capital pour attirer des investisseurs en France…

Je crois à la force de la liberté. Vous le notez à juste titre : on constate « des contraintes de plus en plus grandes qui corsètent la vie de chacun, et découragent beaucoup d'initiatives ». On a tout nivelé, tout encadré, tout réglementé comme si nous préférions l'égalité dans la médiocrité, plutôt que la réussite au service de la justice. Partout où je me suis déplacé depuis trois ans, les Français m'ont dit à leur manière la même chose : « Laissez-nous travailler ! Faites-nous confiance ! ». Je veux rendre de la liberté aux Français car je suis certain que c'est la clé d'une société plus dynamique et véritablement plus généreuse, plus créatrice de richesses et offrant plus d'opportunités d'accomplissement à chacun.

Je défends un capitalisme qui ne s'affranchit pas de l'homme, un capitalisme créateur de richesses et outil d'émancipation pour les plus faibles. Mais je suis contre le capitalisme de connivence. Celui où des lobbies obtiennent des avantages au détriment du bien commun et de l'intérêt général. Où le chef d'entreprise qui a échoué empoche ses dividendes sans se soucier de ses salariés. La liberté économique n'est pas là.

La question sociale est au cœur de votre questionnement. Pour préserver notre modèle social, assurer des pensions de retraite dignes d'un travail de toute une vie, maintenir un système de soins de qualité pour tous, des réformes sont nécessaires : celle de l'allongement de la durée d'activité, seule en mesure de pérenniser notre système de retraite par répartition, celle aussi de l'alignement des régimes spéciaux de retraite sur le régime général.

La très grande pauvreté frappe encore un grand nombre de nos concitoyens. Vous êtes au cœur de cette détresse. Mes parents militaient à Emmaüs et je n'ai pas oublié les visages de ceux auxquels ils venaient en aide. Il peut arriver à tout le monde d'être soudainement cabossé par la vie. J'engagerai un plan d'action pluriannuel de lutte contre la pauvreté et l'exclusion, c'est-à-dire un texte législatif qui sera la charte de l'engagement de toute la Nation sur les fronts de la pauvreté en France.

Pour reconstruire notre contrat social, je crois à la famille. Elle est le premier cercle de nos solidarités, de nos tendresses, elle est au cœur de mon projet politique. La physionomie des familles françaises a évolué avec le temps. Le mariage pour tous a été voté. J'y étais hostile mais j'ai toujours indiqué que le législateur ne pourrait revenir là-dessus au risque de diviser à nouveau la société française. En revanche, je propose de réécrire le droit de la filiation pour figer le principe selon lequel un enfant est toujours le fruit d'un père et d'unemère. De ce principe découlent des conséquences : réserver l'adoption plénière aux couples hétérosexuels, limiter strictement l'accès à la PMA aux couples hétérosexuels stériles et interdire la GPA qui est une instrumentalisation inadmissible du corps des femmes. Il serait à l'honneur de la France de s'engager pour l'interdiction universelle des mères porteuses.

Sur la question des enjeux écologiques que vous évoquez, il est juste de saluer l'encyclique « Laudato Si » du Pape François. Elle sonne comme un avertissement. Je prévois dans mon programme la mise en place au niveau européen d'une vraie taxe carbone à un niveau au moins égal à 30€ la tonne. C'est la seule manière d'inciter les pays à réduire fortement l'utilisation d'énergie carbonée. Je nous fixerai d'ailleurs un objectif proche de 0 % électricité d'origine fossile pour réduire les gaz à effets de serre et lutter contre le dérèglement climatique. L'effondrement accéléré de la diversité des espèces animales en France est également un sujet majeur, comme celui de la protection de la biodiversité.

La force de la France dépend de son unité, de ce sentiment d'appartenance à un destin partagé. Nous sommes une nation citoyenne, non une nation mosaïque. Quelles que soient nos origines, couleurs de peau, religions, nous formons le peuple français. L'individualisme, l'immigration non contrôlée, la montée des communautarismes menacent ce sentiment d'appartenance, tout comme l'absence de transmission aux jeunes générations. A l'école, la maîtrise des savoirs fondamentaux est essentielle pour que celles-ci aient les moyens de s'approprier notre culture et notre histoire. Le respect de l'autorité me semble fondamental pour apprendre aux jeunes à vivre en société. Je veux également instaurer une immigration par quotas. L'immigration choisie est le gage d'une *intégration réussie. Les étrangers qui viennent en France et s'y installent doivent pouvoir démontrer leur volonté d'assimilation et d'appropriation de notre destin commun.*

Confronté à la montée du « totalitarisme islamique », notre pays s'interroge sur la place des religions et sur la laïcité. Soyons fermes sur nos valeurs, fermes à l'égard de ceux qui défient la République et dérèglent l'harmonie sociale. Mais attention, à vouloir faire voter des lois pour durcir encore davantage les règles de la laïcité, nous risquerions de porter atteinte à la liberté religieuse, ce qui n'est pas acceptable à mes yeux. Catholiques, protestants, juifs, bouddhistes, musulmans eux-mêmes, n'ont pas à subir les conséquences du combat contre l'islam radical. Je souhaite que l'on regarde les problèmes en face. Actuellement, nous avons un problème avec une montée de l'intégrisme au sein de l'islam, pas avec les autres religions ! J'agirai pour qu'un islam de France respectueux de nos valeurs voie le jour, en même temps que j'appellerai nos concitoyens musulmans à rejeter ceux qui instrumentalisent leur foi.

Tels sont les éléments de réflexion qui m'ont été inspirés par la lecture de votre lettre. Etant candidat à la Présidence de notre pays, j'ai cru utile de vous faire connaître les valeurs et le projet qui fondent mon engagement.

C'est en confrontant et en associant nos idées que nous pourrons revivifier le débat public et enclencher, tous ensemble, notre redressement national.

Je vous prie d'agréer, Messieurs les Évêques, l'assurance de ma haute considération. »

LGBT

Et soudain flotte dans l'air un petit vent glacé sur les questions de société et particulièrement de la famille, ce révélateur intime de la politique... Car François Fillon, promet du rétropédalage. Après avoir voté tout petit (à 33 ans) contre la dépénalisation de l'homosexualité en 1982, s'être opposé au Pacs puis au mariage pour tous, le voilà qui compte en partie détricoter la loi Taubira ouvrant le mariage et l'adoption à tous. S'il ne compte pas revenir sur l'ouverture du mariage, il entend supprimer la possibilité d'adoptions plénières pour les parents homosexuels.

D'abord parce que dans son esprit, ces adoptions «plénières» – qui effacent les filiations précédant l'adoption – doivent être réservées aux seuls hétérosexuels. Tel projet ne manquera pas de ravir les homos, qui devront donc se contenter d' «adoptions simples», soit de l'enfant de leur conjoint, soit à l'étranger.

Même si dans les faits de moins en moins d'enfants sont adoptables à l'international. En 2015, seuls 815 enfants venus de l'étranger ont pu être adoptés par des familles françaises face à 18 000 familles «agréées» en attente. Tous les ans, depuis cinq ans, le nombre d'enfants qui peuvent être adoptés ne cesse de chuter (de 24% en 2015 par rapport à 2014). Parmi tous ceux et celles qui souhaitent adopter, les homos notoirement ne sont pas en tête de file. Certains pays refusant farouchement de confier des enfants à des gays et des lesbiennes (c'est le cas au Burkina Faso, en Chine, au Cambodge, au Chili, en RDC, en Indonésie ou encore en Ukraine). Mais pour Fillon, il en va du symbole. De la conviction, et sans doute de la séduction quand il s'agit de brosser, dans le sens du poil, les amis de la Manif pour tous et les militants de Sens commun...

Le programme du candidat Fillon ne manque pas de faire frémir des représentants de la cause LGBT. Pour l'association GayLib (mouvement associé à l'UDI, regroupant les LGBT de droite et de centre droit), la question est «*Quelle France voulons-nous pour demain ? La vision de François Fillon de la France est dépassée, dogmatique, influencée, et clairement hostile aux personnes LGBT.*» Et de rappeler que le candidat a, par le passé, «*voté contre la dépénalisation de l'homosexualité, contre le pacs, contre le mariage pour tous...*».

Dans la même droite ligne, François Fillon s'est exprimé contre la possibilité d'ouvrir les techniques de procréation médicalement assistée (PMA) aux lesbiennes, et notamment l'insémination artificielle avec donneur. Il s'est également farouchement opposé à la gestation pour autrui (GPA) qui peut permettre à des couples gays de devenir parents. Il est en outre cosignataire d'une proposition de loi (rejetée) visant à interdire encore davantage la GPA...

Enfin, toujours concernant la famille, en bon pater familias, l'ex-Premier ministre propose de rétablir l'universalité des allocations familiales supprimée par le gouvernement Hollande et de porter le plafond du quotient familial à 3 000 euros. «La famille est le fondement de notre société, et il ne saurait être question que les familles soient pénalisées par une politique fiscale injuste à leur encontre», a-t-il fréquemment insisté.

L'adoption

D'abord, l'adoption plénière est irrévocable, tandis que la simple peut être révoquée. Ensuite, la plénière confère automatiquement à l'enfant la nationalité française, contrairement à la simple où l'enfant demeure un étranger (*sachant que deux tiers des adoptions sont réalisées en dehors des frontières*). Enfin, les deux procédures induisent une différence de traitement en matière d'héritage : tandis que la plénière confère au descendant les droits fiscaux avantageux d'un enfant à part entière, la simple le considère là encore comme un étranger, qui se verra donc ponctionner 60% de la succession.

"N'accorder l'adoption plénière qu'aux couples hétérosexuels et l'interdire aux couples homosexuels, c'est introduire une discrimination des enfants en fonction de qui les élève, basée sur l'orientation sexuelle de leurs parents", souligne l'avocate spécialiste en droit de la famille Caroline Mécary. Qui enfonce le clou : "Et proposer une hiérarchie de traitement juridique entre les enfants uniquement causée par l'orientation sexuelle de leurs parents, en l'espèce parce que leurs parents sont homosexuels, c'est un positionnement homophobe".

"Cela ne tient pas la route une seule seconde devant le Conseil constitutionnel, et ne respecte ni la convention internationale des droits de l'enfant, ni la convention européenne des droits de l'Homme". Sans compter que la loi ne pouvant pas être rétroactive, une différence sera introduite entre les couples homosexuels qui auront pu adopter entre 2013 et 2017, et les autres qui verront la porte de la loi Taubira se refermer sur leur nez. »

Grand Orient

Les candidats à la présidentielle de 2017 commencent à passer les uns après les autres leur grand oral devant les francs-maçons du Grand Orient de France. Le 30 mai 2016, Jean-Luc Mélenchon, le co-fondateur du Parti de Gauche, «planchait » lors d'une Tenue Blanche Fermée au temple parisien du GODF, rue Cadet. Le thème était le même : «Refonder la République». Et plus de 250 frères trois points sont venus l'écouter, parmi lesquels Daniel Keller, «grand maître» sortant.

Il faut noter que, selon les usages maçonniques, Mélenchon étant franc-maçon il aurait pu être invité comme frère dans le cadre d'une «Tenue Blanche Ouverte» (où les profanes sont admis) mais c'est en tant que candidat à la présidentielle de 2017 qu'il a été invité et ce fut donc une «Tenue Blanche Fermée» (interdite aux profanes).

Dans une société où le risque de confessionnalisation de la vie sociale est croissant, le point de vue a-dogmatique est indispensable et sera encore plus déterminant dans les 15 à 20 années à venir selon le ex Grand Maître du GODF Daniel Keller...

Daniel Keller poursuit: «*Le Pape François affirme qu'un État ne doit pas être confessionnel. Il soutient donc la laïcité, mais cet hommage n'est que de façade, car il y a un conflit radical entre les sociétés gouvernées par la loi de Dieu et celles organisées par les lois des hommes.*»

«*Contrairement à ce que dit le Pape, la laïcité française n'interdit nullement d'exprimer ses convictions religieuses à travers les tenues vestimentaires (avec une kipa, une croix ou un voile). La loi demande seulement un esprit de modération en évitant les signes ostensibles à l'école et la neutralité pour les agents de l'État. On peut s'interroger sur certaines extensions de ces règles (dans les espaces de cours à l'Université), cela fait partie du débat républicain.»*

«Tous les citoyens doivent respecter les lois de la République qui se font au Parlement, comme le dit le Pape. Donc les catholiques n'auraient pas dû manifester contre la loi sur le mariage pour tous après son adoption.»

«Je perçois enfin une contradiction dans les propos du Pape. Il admet que face au pluralisme confessionnel, la laïcité est la seule solution comme garantie de la liberté religieuse. Mais en tant que chef de l'Eglise catholique, la laïcité lui pose problème.»

Pour le pape François, un croyant ne doit jamais être empêché de pouvoir vivre sa religion, laquelle est inhérente à son identité. Dans une vibrante prière au chemin de croix du Colisée, le Vendredi Saint, cette année, il s'en était pris à « *ceux qui veulent enlever (la croix du Christ) des lieux publics et (l)'exclure de la vie publique, au nom de quelque paganisme laïc* ». Dans son entretien à La Croix, il critique dans le même sens ce qu'il nomme une «laïcité exagérée».

Debout face aux fidèles entourant le monument romain des cierges à la main, le pape a notamment dénoncé de nouveau «*les fondamentalismes et (..) le terrorisme des adeptes de certaines religions qui profanent le nom de Dieu et l'utilisent pour justifier leurs violences inouïes* »,

Juppé

Le 24 octobre 2016, Alain Juppé a planché sur le thème «Comment la République peut entretenir et développer la citoyenneté?» face à des frères et des sœurs du Grand Orient de France (GODF), une Tenue Blanche Fermée (réservée aux initiés) dans le cadre du Grand Temple Groussier. Devant une salle pleine (280 places), il a fait mouche en mettant en valeur sa proposition de création d'un Code de la laïcité.

Le 21 septembre 2016, il avait déjeuné avec le Grand Maître de la GLDF, preuve que l'ancien premier ministre ne néglige pas les francs-maçons, ceux plutôt centre-droit (GLDF) comme ceux plutôt à gauche (GODF).

Au cours de son intervention liminaire (20 minutes), Alain Juppé a surtout insisté sur la nécessité de «rassembler les deux France, celle qui travaille et celle qui a du mal à joindre les deux bouts», regrettant que notre taux de chômage des jeunes soit à 24% alors que celui de l'Allemagne est à 7%. Il a donc évoqué sa proposition création d'un Code de la Laïcité rassemblant les lois, les règlements, les circulaires et la jurisprudence sur ce thème. Promettant que cela figurera dans les priorités de ses 100 premiers jours de président. Ensuite, le débat avec francs-maçons a duré 80 minutes.

Dans sa conclusion, le Grand Maître Christophe Habas a déclaré : «La République souffre quand la Société est fragmentée, ce qui rend l'électorat sensible aux sirènes boulangistes de l'extrême droite.» Le haut dignitaire a exprimé sa satisfaction sur la proposition de création d'un Code de la Laïcité... avant d'ajouter que les politiques doivent mettre en oeuvre leurs engagements pour recréer un lien de confiance avec les citoyens.

Bilderberg

Le dîner ne figure pas à l'agenda officiel. L'hôte et ses invités tiennent à cette discrétion. Début novembre 2011, alors que la crise de l'euro est à son comble, François Fillon prend le temps de recevoir à Matignon un groupe obscur d'une trentaine de personnes dont les noms sont presque tous inconnus du grand public, mais pas des initiés.

Ce soir-là, le Premier ministre de Nicolas Sarkozy planche sur l'état de la France devant les membres d'un petit club qui ne fait jamais la une des journaux, mais fascine les obsédés du complot : le Bilderberg. A croire les "conspirationnistes", ce cercle, fondé en 1954 par un prince hollandais et un milliardaire américain pour endiguer le communisme, serait le "vrai gouvernement du monde". On lui devrait la victoire de Bill Clinton, la guerre en Irak ou la nomination de Herman Van Rompuy, président du Conseil européen.

Comparés au Bilderberg, d'autres forums internationaux bien plus célèbres, tels la Trilatérale ou Davos, auraient autant d'influence qu'une fête de patronage. Les convives de François Fillon sont tous d'éminents représentants du gotha politico-financier occidental. Sous les lambris de l'hôtel Matignon, il y a là, entre autres, le patron de la banque Goldman Sachs, Peter Sutherland, le big boss de la banque d'affaires Lazard, Ken Jacobs, l'inspirateur des néoconservateurs américains, Richard Perle, le grand manitou de Shell, Jorma Ollila, le futur chef du gouvernement italien, Mario Monti, ou la présidente du Musée d'Art moderne de New York, Marie- Josée Kravis, par ailleurs épouse du propriétaire d'un fonds d'investissement américain.

Le grand ordonnateur du dîner n'est autre qu'Henri de La Croix, comte de Castries, PDG du groupe d'assurances Axa et premier Français à présider le Bilderberg. Petit-fils d'un ministre de la IVe République et inspecteur des Finances, ce pilier de l'establishment français est aussi proche de Nicolas Sarkozy que de François

Hollande, son camarade de la promotion Voltaire à l'Ena. On l'a compris : à un tel aréopage, même le chef du gouvernement de la cinquième puissance mondiale ne peut refuser l'hospitalité. Ce repas est-il pour autant le signe d'une vaste conspiration ? *"Je ne comprends pas l'hystérie autour du Bilderberg, s'amuse aujourd'hui François Fillon. Je ne trouve pas qu'il s'y dise des choses si confidentielles..."*

"C'est un Davos en plus fermé", dit Jean-Pierre Jouyet, président de la Caisse des Dépôts et autre camarade de promotion de François Hollande à l'Ena. Le célèbre forum suisse accueille plus de mille VIP issus des cinq continents. Le Bilderberg, lui, s'adresse à un cercle bien plus restreint - cent trente personnes, jamais plus, venues d'Europe et des Etats-Unis. Les fondateurs du club l'ont voulu ainsi, discret et transatlantique. Le prince Bernhard des Pays-Bas et David Rockefeller l'ont créé en 1954, au plus chaud de la guerre froide, avec un objectif précis : la lutte contre le communisme. La première réunion se déroule du 29 au 31 mai, en catimini, à Oosterbeek, aux Pays-Bas, dans un hôtel appelé Bilderberg.

Les participants : de grands leaders politiques et économiques du Nouveau et du Vieux Continent - tels les Français Guy Mollet, Jean Monnet et Antoine Pinay. "A l'époque, le but était de convaincre les dirigeants européens et américains de resserrer leurs liens et de ne pas baisser la garde face à la puissante Union soviétique", explique l'ancien ministre des Affaires étrangères Hubert Védrine.

Rien ne doit filtrer. David Rockefeller veille. Le richissime héritier de la Standard Oil est un expert en opérations spéciales. Comme il le raconte dans ses Mémoires, le futur patron de la Chase Manhattan Bank a fait la guerre dans le renseignement militaire, à Alger. Francophone, il a poursuivi ses activités d'espion en 1945 à Paris. Son goût du secret a imprégné l'esprit du club, dont on n'a découvert l'existence qu'au milieu des années 1960.

L'institution est véritablement sortie de l'ombre en 1976, à l'occasion d'une grande affaire de corruption qui a durablement terni son image. On a appris que le prince Bernhard monnayait son prestige pour favoriser le groupe d'armement Lockheed auprès de l'armée néerlandaise et que ses conciliabules avec les dirigeants de la firme américaine avaient notamment lieu en marge de la conférence du Bilderberg, qu'il présidait depuis vingt ans. "*Ce scandale a failli tuer le club, reconnaît Thierry de Montbrial, patron de l'Institut français des Relations internationales (Ifri) et membre du Bilderberg jusqu'à aujourd'hui. On l'a sauvé en remplaçant le prince par l'ancien Premier ministre britannique, lord Home.*" L'odeur de soufre est restée.

En dépit de ce passé controversé, le Bilderberg est toujours le cercle le plus sélect de l'élite transatlantique. Sa grande affaire n'est plus le communisme, mais la mondialisation et les défis qu'elle pose à l'Occident. Au sommet, on trouve un petit cénacle, le comité directeur, composé de trente personnalités du monde du grand business et de la géopolitique, celles-là mêmes qui ont dîné à Matignon.

"Pour y être coopté, il ne suffit pas d'être patron de Coca-Cola : il faut avoir de l'entregent et une vision planétaire", explique l'avant- dernier président du Bilderberg, le flamboyant vicomte Etienne Davignon, dans son immense bureau qui surplombe la place Royale à Bruxelles. Lui-même tutoie la terre entière. Ancien commissaire européen, cet octogénaire belge toujours bronzé et courtois est administrateur d'une dizaine de multinationales. "Steevie", comme le surnomment ses amis du gotha, a siégé pendant des décennies au comité directeur du club, aux côtés de figures historiques, tels le magnat italien Giovanni Agnelli ou l'ex-secrétaire d'Etat américain Henry Kissinger, et de personnalités montantes, comme l'avocat Tom Donilon, qui deviendra conseiller de Barack Obama pour la sécurité. Les trente se réunissent deux fois par an - généralement dans une capitale européenne pour parler de la situation du club et du monde.

...our dîner discrètement avec les dirigeants locaux ou ...ometteurs.

...nité directeur a une autre prérogative : établir la liste des cent ...vités à la prestigieuse conférence annuelle du Bilderberg, qui se déroule début juin, en Europe ou aux Etats-Unis. Comme tous les ans depuis 1954, David Rockefeller, 97 ans, assistera à la prochaine, "si sa santé le lui permet", précise le vicomte belge. Rares sont ceux qui déclinent l'invitation. Certains redoutent encore d'être épinglés par les "conspirationnistes".

"Etre convié à ce forum annuel est un signe de reconnaissance, une marque de prestige, assure Thierry de Montbrial, membre du steering committee jusqu'en 2011. J'y ai été coopté en 1976, en remplacement de Wilfrid Baumgartner, ministre des Finances sous de Gaulle", glisse-t-il pas peu fier. C'est donc lui qui, pendant trente-cinq ans, a désigné les heureux élus français à la conférence du Bilderberg - "quatre par promotion", précise-t-il. Délicieux privilège pour cet X-Mines, éternel patron de l'Ifri.

De l'ère Giscard au quinquennat Sarkozy, Thierry de Montbrial a fait défiler à la conférence du Bilderberg une grande partie de l'élite parisienne. Quand le français a été abandonné comme langue officielle du club, à la fin des années 1980, il n'a plus convié que des anglophones. "Ca limite le choix", ironise-t-il. Sont venus des dirigeants politiques, de droite et de gauche, des grands patrons, des journalistes réputés. Aujourd'hui encore, craignant d'être stigmatisés par les obsédés du complot, certains n'avouent leur participation que du bout des lèvres. *"Moi, je regrette de ne pas avoir été invité plus souvent"*, reconnaît franchement le député UMP Pierre Lellouche, grand spécialiste de l'Otan.

La conférence annuelle est organisée comme un sommet de chefs d'Etat. Arrivés en jets privés et en limousines aux vitres teintées, les 130 happy few sont enfermés pendant deux jours et demi dans un hôtel de luxe entièrement privatisé. L'obsession de la sécurité et de la confidentialité est telle que le lieu exact de la rencontre est tenu secret jusqu'au dernier moment. *"A ce point, c'est ridicule, confie Hubert Védrine. Il y a même un système de triple badge pour franchir chacune des trois barrières de sécurité." "Il est interdit de venir avec son conjoint ou sa secrétaire"*, ajoute Nicolas Bazire, l'ancien directeur de cabinet de Balladur et témoin de mariage de Nicolas Sarkozy. Et *"pas le droit non plus de partir avant la fin du week-end"*, précise le patron de Publicis, Maurice Lévy.

A l'extérieur, des militants altermondialistes tentent de prendre des photos des participants. Leurs pancartes dénoncent une conspiration. *"Cette idée de complot est une farce, assure Hubert Védrine. Le Bilderberg réunit des gens du même monde qui se rencontrent dans d'autres cercles." "Contrairement aux fantasmes, aucune décision n'y est prise"*, assure l'économiste et éditorialiste au "Figaro" Nicolas Baverez, qui vient de remplacer Thierry de Montbrial au comité directeur. *"En fait, on est là pour travailler. Les deux jours et demi sont très intenses. De 8 heures à 20 heures, il y a une succession de débats."* Les thèmes ? Depuis peu, le site du Bilderberg en publie une liste dont on ignore si elle est exhaustive.

Au menu officiel de la conférence 2012, à Chantilly (Etats-Unis) :"austérité et croissance", "l'Occident face à l'Iran" ou "géopolitique de l'énergie". *"Les exposés sont strictement limités à dix minutes et les questions à trois minutes"*, raconte l'ancien patron de la banque Paribas André Lévy-Lang. Seul Henry Kissinger n'est pas rappelé à l'ordre quand il déborde.

Autre règle, plus surprenante : tous les membres, sans distinction de titre, doivent accepter d'être assis par ordre alphabétique. Ainsi, lors des trois conférences auxquelles elle a assisté, la star du petit écran Christine Ockrent s'est-elle retrouvée à la droite de Béatrix d'Orange-Nassau, reine des Pays-Bas (et fille du prince Bernhard). Tandis que la Russe Lilia Shevtsova, kremlinologue réputée, côtoyait l'autre souveraine habituée du Bilderberg, la reine Sofia d'Espagne.

Au Bilderberg, tout le monde est traité sur un pied d'égalité. Le compte rendu des débats est rédigé par deux journalistes de l'hebdomadaire économique britannique "The Economist", qui font office de greffiers mais n'ont pas le droit d'en publier le contenu. Tous les participants sont tenus de respecter une confidentialité absolue.

Même les think tanks les plus stricts, comme le prestigieux club de géostratégie Chatham House, autorisent que l'on dévoile la substance des discussions, à condition de ne pas citer de personnalités précises. "*A Bilderberg, c'est le silence total*", souligne, admiratif, Maurice Lévy. "*A cause de cette contrainte, certains journalistes réputés refusent de venir*", admet le vicomte Davignon. Mais les hauts responsables parlent plus librement que dans d'autres forums. Le patron des services secrets britanniques a pu ainsi décrire la cyberdéfense en détail, bien avant que le sujet ne devienne médiatique.

Cette liberté de parole provoque parfois des étincelles. En juin 2003, alors que l'armée américaine vient d'envahir l'Irak, la conférence annuelle se déroule au Petit Trianon à Versailles. Le ministre français des Affaires étrangères, Dominique de Villepin, fervent opposant à la guerre, accepte de se déplacer. L'éditeur Conrad Black, propriétaire notamment du "Daily Telegraph", le prend à partie. Il l'accuse d'avoir souhaité une défaite des Etats-Unis. "C'est faux", s'insurge Villepin. "*Pourtant quand l'un de mes journalistes vous a demandé si vous préfériez une victoire de Saddam Hussein ou de George Bush, vous avez refusé de répondre*", lance Black. Le Français dément. "*J'ai ici la cassette de l'interview, vous voulez l'entendre ?*", rétorque le Canadien.

"*Parce que rien ne fuite, les conversations du Bilderberg sont d'un niveau inégalé dans le monde*", dit, enthousiaste, Michel Rocard. Plus réservé, Philippe Villin, ancien patron du "Figaro", trouve les invités "assez conformistes", "*tous attachés au capitalisme et au libre-échangisme*". "*Les sessions sont d'un intérêt variable*", commente Anne Lauvergeon. L'ex-patronne d'Areva se souvient du jour où, en 2007, José Luis Zapatero est venu présenter, en avant-première, les mesures financières que son gouvernement allait prendre. "*Il a été applaudi à tout rompre, raconte-t-elle. Et puis on a vu le résultat...*"

Passionnante ou pas, la conférence du Bilderberg est l'occasion de se faire repérer par des hommes très puissants. Manuel Valls, Michel Sapin et Jean-François Copé y sont allés. "*Copé, vous êtes sûr ? Je ne l'ai pas remarqué*", dit, vachard, le vicomte Davignon. Margaret Thatcher a été invitée dès 1975, quatre ans avant sa nomination à Downing Street. Et Bill Clinton, en 1991, quand personne ne misait sur lui. C'est l'un des piliers du club et grand argentier du Parti démocrate, Vernon Jordan, qui a repéré l'obscur gouverneur de l'Arkansas.

Le Bilderberg a joué un rôle dans la présidentielle américaine de 2004. En juin, alors qu'il est en passe d'être désigné candidat face à George Bush, John Kerry (autre habitué du club) cherche un colistier. Selon le "New York Times", il reçoit alors un appel de son ami le diplomate Richard Holbrooke. Celui-ci est à Stresa, en Italie, où il assiste à la fameuse conférence annuelle. Il vient d'écouter une intervention du sénateur de Caroline du Nord John Edwards, et a été séduit. Il lui recommande de le choisir. Kerry écoutera son conseil.

François Fillon

"*Le plus souvent, ce sont les à-côtés de la conférence qui sont les plus intéressants*", dit Anne Lauvergeon. Pendant deux jours et demi, du petit déjeuner au coucher, les cent trente invités ne se quittent pas. "*C'est plus intime que Davos, souligne Maurice Lévy. On a le temps de construire des relations qui vont au-delà du 'speed dating'.*" Autour d'un verre ou pendant une promenade, des discussions inattendues s'amorcent. Lors du Bilderberg de 1998, en Ecosse, l'ancien directeur

Le statut de l'invité est à nouveau examiné : il peut alors être coopté comme membre ou remercié. Une fois admis, il convient en outre de régler la cotisation annuelle à l'association (160 euros par an) ainsi que sa part de l'addition à chaque dîner (environ 80 euros). Les membres qui atteignent l'âge limite (65 ans) ou qui cessent d'occuper une fonction très importante sont exclus de la liste.

Dîner mensuel

Une fois par mois, chaque dernier mercredi du mois, près de 300 membres du Siècle se réunissent au très sélect Automobile Club de France, place de la Concorde, dans le 8e arrondissement de Paris. De 20h à 21h, un apéritif permet de choisir librement ses interlocuteurs. A 21h vient l'heure du dîner. Les plans des 40 tables - 7 à 8 personnes par table - sont soigneusement étudiés par le secrétaire général de l'association afin de favoriser les échanges intellectuels, et aussi pour jauger les invités prétendant au titre. Un chef de table veille à organiser le débat et à éviter les apartés. Le repas se termine à 22h45. Ceux qui le souhaitent peuvent prolonger la soirée au bar.

Les adhérents du Siècle sont soumis, selon une règle non écrite, au secret sur les membres et les sujets discutés. Entre 1944 et un article paru en 1977 dans le journal L'Humanité, son existence n'a jamais été mentionnée une seule fois dans un article de journal ou un livre (Ratier, 2001).

Son président et son conseil d'administration sont publics mais pas la liste de ses membres. On trouve sur internet ou dans la littérature différentes listes qu'il est impossible de vérifier. Ces listes datent de 2005 à 2010 et comportent des personnes qui ne sont plus membres, et peut-être des personnes qui ne l'ont jamais été : nous en faisons la synthèse plus bas.

Cela donne néanmoins un aperçu de la composition du Siècle. Sur 115 noms, on y trouve 28 patrons de grandes entreprises, 17 interviews des personnages qu'ils côtoient en toute intimité et à l'occasion de soirées mondaines? D'autant qu'un véritable secret plane sur le contenu de ces rencontres, comme l'avait révélé l'affaire Lambert, du nom de ce sénateur, membre du Siècle, qui avait filmé en 2008 un de ces dîners et mis les images sur son blog, avant se voir vivement encouragé par ses confrères à s'auto-censurer.

Une critique virulente des médias est actuellement portée par le sénateur et président du Parti de Gauche, Jean-Luc Mélenchon, qui n'a de cesse de dénoncer, souvent avec brutalité, la proximité des sphères politiques et journalistiques. Interrogé par Daniel Mermet sur France Inter, l'homme politique, qui dit avoir appris l'existence du Siècle par Pierre Carles, est revenu sur ce club, qui lui rappelle « une sorte d'oligarchie, déconnectée du peuple ».

À sa naissance, Le Siècle se donne pour but d'abattre les cloisons entre la société politique et la société civile. L'objectif est de créer un cercle de rencontres entre hommes politiques et responsables représentatifs de la société civile (hommes d'affaires, intellectuels, journalistes, etc). Selon les statuts, déposés le 7 mars 1945, l'objet social de cette association 1901 est de "créer un pont entre des mondes qui s'ignorent trop en France" et de "renforcer les chances de succès des jeunes en les faisant se connaître et s'épauler". Elle a son siège au 13, avenue de l'Opéra, dans le 1er arrondissement de Paris.

Pour devenir membre de plein droit du Siècle, il faut d'abord être parrainé par au moins deux parrains au sein du club et être représentatif d'un milieu professionnel ou d'une sensibilité politique du pays. C'est le Conseil d'administration du Siècle, composé d'une douzaine d'élus, qui décide des admissions. Le candidat ne devient pas membre à ce moment, il est simplement « invité », situation qui dure au moins un an.

dirigeants de la presse, de l'édition, de la communication, écrivains ou musiciens, 23 journalistes, 10 hauts fonctionnaires, 23 hommes politiques de droite, 12 hommes politiques qui ont été ou sont de gauche, et 2 syndicalistes ou ex-syndicalistes.

Les chiffres disponibles montrent que l'immense majorité des participants sont socialement et politiquement très proches des milieux patronaux. Les participants qui pourraient avoir des conceptions différentes ou opposées sont bien rares. Il s'agit d'une dizaine d'hommes ou femmes politiques du parti socialiste, d'un syndicaliste et d'une ex-syndicaliste, peut-être de quelques journalistes.

C'est une forme de sociabilité tout à fait perverse : les participants sont sans doute des personnes agréables, intelligentes, cultivées ; il est sans aucun doute très plaisant de se retrouver dans un lieu luxueux où tout n'est que douceur, en tout cas bien plus qu'au contact des exclus de notre société ou de ceux qui râlent. Le repas est sans aucun doute de grande qualité. On peut glaner quelques informations avant les autres et discuter en toute liberté avec des convives cultivés.

On peut à l'occasion trouver un contact pour un stage ou un emploi pour un proche, auprès de l'un des nombreux PDG de très grandes entreprises présents. On peut préparer une prochaine interview avec l'un des journalistes ou patrons de chaîne présents. On peut même soutenir au cours de la conversation de table des idées iconoclastes qui auront la saveur de l'étrange et de l'exotisme. Il serait cependant quelque peu inconvenant d'insister et surtout de faire remarquer à vos distingués voisins qu'ils vivent sur le dos des millions de travailleurs français et de centaines de millions de travailleurs du tiers-monde, qu'ils gaspillent la richesse que d'autres ont créée.

A propos de ces réunions discrètes entre les décideurs économiques, politiques et médiatiques, JP. Anselme (2010) parle d'un comité central de l'élite, là où s'organisent rois de l'économie et de la finance, princes de la haute administration, seigneurs de la politique (de droite et de gauche), barons des médias et de l'édition, chevaliers de l'intellectuelle courbette, vassaux du syndicalisme... C'est là que se préparent entre gens de bonne compagnie les contre-réformes libérales qui seront ensuite votées par les "représentants du peuple" et promues par les médias de connivence. C'est là que, depuis plus de soixante ans, les apparatchiks de la classe dirigeante décident de la vie des Français. En toute discrétion.

Poutine

François Fillon

Le président russe n'a pas hésité à faire l'éloge de François Fillon, se félicitant de l'intention du candidat d'améliorer les relations entre Paris et Moscou en cas de victoire à la présidentielle.

«Grand professionnel», «négociateur ardu», «homme intègre», les qualificatifs louangeurs en provenance du Kremlin pleuvent sur François Fillon. Vladimir Poutine, qui s'en tient généralement à une relative réserve lorsqu'il s'agit de commenter les campagnes électorales à l'étranger, n'a pas hésité, à afficher clairement sa préférence à l'égard de l'ancien Premier ministre, n'ayant en revanche que peu de mots pour son rival Alain Juppé.

François Fillon «se distingue fortement des hommes politiques de la planète», a vanté le président russe qui décrit «au premier abord une personne fermée, réservée, mais capable, malgré ses manières européennes, de défendre son point de vue». «Nous avons travaillé ensemble quand il était chef du gouvernement français. Il y a eu beaucoup de rencontres, nous avons développé des très bonnes relations», a ajouté Vladimir Poutine.

Le Kremlin explique suivre de «très près» la campagne électorale française, y voyant une opportunité d'enfoncer un coin supplémentaire dans l'unité de plus en plus vacillante de l'Union européenne face à la Russie. François Fillon est partisan d'une levée des sanctions qui pèsent contre la Russie depuis l'annexion de la Crimée et de son rôle dans le conflit du Donbass, et plaide, dans cette tradition gaulliste qui plait tant à Moscou, en faveur d'un rapprochement plus étroit avec le grand voisin oriental.

Moscou fait désormais de la levée des sanctions occidentales l'un des objectifs majeurs de sa politique étrangère et, dans cette optique, voit dans la France le dernier verrou européen à faire céder avant celui, autrement plus hermétique, de l'Allemagne, avec Angela Merkel qui briguera un quatrième mandat à l'automne 2017.

Dans l'entourage de François Fillon, le député Thierry Mariani, qui s'est rallié très tôt à sa candidature, cultive d'étroites relations avec ses homologues de la Douma, dont Leonid Sloutski, récemment nommé chef de la commission des Affaires étrangères du parlement russe et visé par les sanctions occidentales en raison de son rôle dans l'annexion de la Crimée.

François Fillon, de son côté, a toujours trouvé une oreille attentive auprès de Vladimir Poutine, lorsque les deux hommes occupèrent en même temps le poste de chef de gouvernement - Dmitri Medvedev fut président de 2008 à 2012 - mais également après son départ du pouvoir en 2012. Durant sa traversée du désert, le futur favori de la primaire fut notamment l'invité vedette des forums de Saint-Pétersbourg et des séminaires du club Valdaï, les deux principales vitrines politico-économiques russes destinées à l'Occident. Autant d'occasions de rencontres privées avec Vladimir Poutine qu'il tutoie sans se dire néanmoins «l'ami».

«Quoiqu'ait pu tenter Sarkozy, son opportunisme, sa débrouillardise et son amour de la brillance extérieure ont rencontré beaucoup moins d'échos que le conservatisme gaulliste classique de Fillon, catholique pratiquant, père de cinq enfants et mari d'une seule femme», écrit le journaliste russe, Andreï Belkevtich dans son blog hébergé par la station Echo de Moscou.

Et ce dernier d'ajouter que «le poutinisme de Fillon n'est pas celui, momentané ou pseudo-romantique, de Donald Trump ou de Marine Le Pen». La presse russe salue en François Fillon un futur «ami de la Russie». Néanmoins le site Gazeta.ru conseille au Kremlin de ne pas «mettre tous ses œufs dans le même panier» et de continuer parallèlement à «parier» sur la présidente du Front national...

La situation française est d'autant plus paradoxale que si François Fillon devait l'emporter chez les Républicains, le second tour de l'élection présidentielle de mai 2017 pourrait alors opposer deux candidats ouvertement amis du Kremlin : Marine Le Pen et l'ancien Premier ministre de Nicolas Sarkozy. Un tel duel assurerait à Vladimir Poutine une "victoire", et donc une capacité d'influence, quel que soit le gagnant.

Comment expliquer cet étonnant retournement de situation où le maître du Kremlin, que l'on décrivait comme isolé il y a peu, pourrait se retrouver en 2017 avec des "amis" au pouvoir dans deux des principales capitales occidentales, Washington et Paris ? C'est assurément un des signes d'un changement politique majeur du monde, non pas tant en faveur de la Russie que d'une vague conservatrice, souvent populiste, qui favorise l'émergence d'"hommes forts" dont Poutine est depuis des années l'incarnation.

Fillon et Poutine se connaissent bien - ils se sont rencontrés une bonne quinzaine de fois - et s'apprécient, même en privé. Au point que, comme le racontait "l'Express" en 2014, lorsque François Fillon a perdu sa mère, Vladimir Poutine lui a envoyé une bouteille de vin du millésime 1931, l'année de sa naissance, pour consoler son ami français...

Mais c'est évidemment en termes politiques que la question de cette relation se pose. Et en particulier la politique extérieure russe (re)devenue particulièrement activiste depuis la crise ukrainienne de 2014-2015, puis de l'intervention russe en Syrie depuis un peu plus d'un an. Alors que François Hollande refusait il y a peu de recevoir Vladimir Poutine à Paris en raison de son comportement en Syrie, une victoire de François Fillon représenterait un virage diplomatique à 180 degrés.

À plusieurs reprises, François Fillon a appelé à une alliance avec la Russie dans la lutte mondiale contre le terrorisme et pour « éradiquer le totalitarisme islamique ».

Vladimir Poutine peut se réjouir. Si François Fillon entre à l'Élysée, il comptera un nouvel ami dans le cercle des dirigeants occidentaux. En effet, comme Donald Trump, l'ancien Premier ministre français entend travailler ardemment avec la Russie. Il y a un mois, à l'heure où la communauté internationale s'indignait des bombardements russes sur Alep, Fillon était l'un des rares à déplorer le refus de François Hollande de recevoir le maître du Kremlin désireux d'inaugurer une église orthodoxe à Paris. « Bien sûr qu'on doit l'accueillir, est-ce qu'on doit faire la guerre à la Russie ? » lançait-il.

De tous les hommes politiques français, Fillon est celui qui entretient la relation la plus étroite avec Vladimir Poutine. « Ils ont une véritable estime l'un pour l'autre », affirme Jean de Boishue, un proche de Fillon. L'intéressé éprouve une fascination pour le président russe. Et loue en privé sa poigne et son charme. Lors de sa première visite à Moscou en 2008, le Premier ministre de Nicolas Sarkozy exulte. « Vous vous rendez compte, il m'a consacré trois heures ! » glisse-t-il dans un salon de l'ambassade de France. « C'est comme s'il avait vu Dieu le Père », se souvient un témoin.

Les deux hommes se tutoient rapidement et multiplient les rencontres. Fillon partage la table de Poutine dans sa datcha située à Novo-Ogaryovo, près de Moscou. Toujours accueilli dans le «petit salon», le lieu réservé aux intimes. Il voit également le président russe dans sa résidence de Sotchi, où ce dernier l'invite parfois à une partie de billard.

Face au tsar, François Fillon entend néanmoins marquer sa différence. Le conflit syrien en 2011 lui en offre l'occasion. « Vladimir, est-ce qu'on peut se parler franchement ? » lui dit-il au moment de le recevoir sur le perron de Matignon. « Est-ce que nos conseillers nous le permettront? » lui répond Poutine. Puis Fillon se lance : « Comment peux-tu soutenir ce salaud de Bachar devenu le bourreau du peuple syrien ? » Poutine pointe le doigt. « Et toi, François, peux-tu me dire qui sont ces gens en face de Bachar ? Non, tu ne le sais pas. »

Une réplique qui produira son effet. Quatre ans plus tard, dans une interview à Valeurs actuelles, l'ex-Premier ministre salue l'opération militaire de la Russie en Syrie. « Il faut se féliciter qu'elle soit intervenue. Sinon, nous aurions sans doute en face de nous un État islamique encore plus puissant. » Du miel aux oreilles des autorités russes. D'autant que Fillon plaide aussi en faveur de la levée des sanctions à l'encontre de Moscou au lendemain de l'annexion de la Crimée. « Un geste fou », dit-il au sujet de l'embargo décidé par l'Union européenne.

Poutine a donc de bonnes raisons de cajoler le nouvel homme fort de la droite. Le chef du Kremlin, il est vrai, sait y faire. Une semaine après le décès de la mère de François Fillon en août 2012, Poutine accueille de nouveau son hôte français et lui offre une bouteille de Mouton Rothschild. « Tu vois, François, c'est l'année de naissance de ta mère. »

Au sein de la classe politique française, il est celui qui connaît le mieux Poutine. Et l'apprécie le plus. François Fillon a toujours nourri un intérêt poussé pour la Russie. Plus encore depuis qu'il s'est rapproché de son président.

Poutine sera parmi les premiers à savoir qu'il se prépare à une nouvelle bataille. "Je vais prendre le parti", lui confie-t-il. Le genre de confidence seulement destinée aux amis?

Le Sarthois a cependant tissé avec celui qui fut son homologue pendant quatre ans une étroite relation. Ou plutôt une connivence de circonstance motivée d'abord par l'ambition. Pour qui a en tête la plus haute marche du pouvoir, se prévaloir de la sympathie d'une pointure de la planète n'est jamais négligeable.

En novembre 2009, les deux hommes déjeunent dans la demeure royale de Rambouillet. Vladimir explique à François comment, chez lui, il est possible d'être président, puis Premier ministre, puis encore président. "C'est un peu plus compliqué en France!" plaisante Fillon.

En 2008, le président russe achève deux mandats au Kremlin et redevient son alter ego. Le "tu" prend très vite le pas sur le "vous". Poutine sera l'un des responsables qu'il rencontrera le plus pendant son séjour rue de Varenne, en moyenne deux ou trois fois par an. Des rendez-vous diplomatiques qui, au fil du temps, s'aventurent hors du sentier protocolaire. Autour d'une table de billard, en septembre 2008, dans la résidence officielle de Sotchi.

Au printemps 2013, jamais à court d'une marque de bienveillance ou de flatterie, le président Poutine invite Fillon dans sa pompeuse datcha à 10 kilomètres de Moscou. Un honneur protocolaire pour un simple député de Paris. Fillon a perdu un rang, pas un allié. A la fin du dîner, il se voit convié à visiter les "formidables" installations des Jeux olympiques d'hiver, avec ce défi : "Je te prends quand tu veux sur les pistes."

En décembre 2010, déjà, Poutine avait proposé à un Fillon interloqué de rejouer la représentation du Bolchoï que la délégation française avait manquée à cause d'un vol retardé par un froid sibérien à Paris. Le Français n'abusera pas des bonnes grâces du Russe et laissera les artistes tranquilles. Mais la plus grande attention de Vladimir Poutine relève de l'intime : lorsque François Fillon perd sa mère, il lui offre une bouteille de vin de 1931, millésime de sa naissance.

S'il s'est épanoui sous l'ère Poutine, le tropisme russe de l'ex-chef du gouvernement est plus ancien. Son premier voyage en URSS remonte à 1986, comme président de la commission de la Défense de l'Assemblée nationale. Il y retourne deux ans plus tard avec Jean-Pierre Chevènement, ministre de la Défense et autre grand connaisseur du pays. Fillon est "impressionné" par Mikhaïl Gorbatchev et sa rupture politique, la perestroïka. Puis, ministre de la Recherche, il multiplie les contacts et inaugure en 1994 - il n'en est pas peu fier - la première société de lancement de satellites franco-russes.

De crainte d'apparaître sous influence, Fillon apprécie modérément que soit souligné le caractère russophile et russophone de son entourage - une caractéristique rare dans le personnel politique français. Plume d'hier et d'aujourd'hui encore, Igor Mitrofanoff est un descendant de Russes blancs.

L'ex-secrétaire d'Etat Jean de Boishue, agrégé de russe et son conseiller à Matignon, continue à l'abreuver de notes sur l'ancien empire, l'accompagne à chaque fois et joue même les traducteurs occasionnels. Philippe Séguin, dont Fillon fut longtemps le premier lieutenant, ne cachait pas son admiration pour la culture russe et, notamment, pour Soljenitsyne, qu'il créditait d'avoir, par ses seuls écrits, mis fin au communisme.

En septembre 2013, invité du forum de Valdaï, Fillon se défait de son habituelle bienséance verbale pour intimer à la France de retrouver son "indépendance" dans la crise syrienne. Ce sont surtout quatre lettres qui soulèveront un tollé à Paris. "Cher" Vladimir... Le voilà cloué au marteau, sabré à la faucille pour un excès d'égards envers un président russe de plus en plus infréquentable aux yeux de l'Occident, inquiet d'un autoritarisme grandissant.

"C'est une formule utilisée par n'importe quel dirigeant, Angela Merkel, Barack Obama!" se défend-il encore aujourd'hui. A droite, ses concurrents s'en repaissent. "Par charité, Alain Juppé s'est abstenu de témoigner qu'il avait dérapé, lâche un proche du maire de Bordeaux. Fillon a certes tiré profit d'une situation institutionnelle pour se rapprocher d'un grand de ce monde, mais a-t-il bien choisi ses sujets et son pays?"

Les enjeux du monde ont toujours intéressé le député de Paris. Mais il faut que la commission des Affaires étrangères de l'Assemblée nationale se penche sur la Russie pour qu'il prenne la parole - une première à l'occasion de cette centième réunion depuis le début de la législature!

Ce 18 décembre 2013, volontiers professoral, il expose les ressorts de Poutine : "Ce n'est pas quelqu'un qui se contente de relations habituelles avec les chefs de gouvernement. Qu'on l'aime ou qu'on ne l'aime pas, il faut y aller, il faut y passer du temps. Un entretien avec lui, ça ne peut pas durer moins de trois heures. Quand cela se termine par un accord, c'est un accord respecté."

Poutine serait donc l'homme des gentlemen's agreements... Pas tout à fait l'image qu'a donnée jusqu'ici le tsar. "Ses défauts, je les connais, mais, du point de vue du fonctionnement de la démocratie, c'est tout de même un progrès", confie François Fillon. Les récriminations européennes seraient d'autant plus déplacées que la Russie "est un cran démocratique au-dessus de la Chine et de nos amis des pays du Golfe".

On sait que François Fillon ne s'opposait nullement ni à la vente des Mistrals, ni à la construction de l'étrange cathédrale au statut diplomatique. En témoigne Jean de Boishue, conseiller du premier ministre, qui parle de la construction du centre spirituel : "C'était de la Realpolitik, la même qui a poussé la France à conclure, après la guerre en Géorgie, la vente de navires Mistral".

Fillon n'a jamais trahi ses convictions pro-russes. Persuadé de la nécessité pour la France et pour l'Europe de prendre en compte les intérêts de Moscou, il était notamment contre le rapprochement de la Géorgie et de l'Ukraine avec l'OTAN. Aujourd'hui, il soutient sans réserve l'intervention russe en Syrie et insiste sur la levée immédiate des sanctions occidentales imposées à la Russie à la suite de son annexion de la Crimée et de son soutien – politique, économique et militaire – aux séparatistes du Donbass.

En clair, cette position repose sur l'idée d'une répartition historique de sphères d'influence. Dans cette optique, il ne faut pas punir la Russie puisque, historiquement, l'Ukraine et tout l'espace post-soviétique font partie des intérêts russes.

L'Ukraine dont la position pro-européenne est déjà affaiblie par l'arrivée de Trump à la Maison Blanche risque de se retrouver davantage isolée sur la scène internationale. Formellement, la levée des sanctions est liée à la réalisation des accords de Minsk. Mais comme ceux-là ne sont pas réalisables car la Russie ne compte absolument ni priver ses "alliés" du Donbass de son soutien ni permettre à l'Ukraine de reprendre le contrôle de ses frontières, Fillon pourra toujours monter au créneau afin de lever les sanctions de façon unilatérale ou avec le soutien de quelques autres pays européens, comme la Hongrie ou l'Autriche – n'importe quelle excuse sera permise au nom de la Realpolitik.

Et il ne faudra pas s'étonner si la Russie décide par la suite de renforcer ses positions en Ukraine, voire obtenir la chute du gouvernement issu de la révolution démocratique du Maïdan.

La levée des sanctions contre la Russie pourra provoquer une profonde scission au sein de l'Europe. Alexeï Pouchkov, chef du comité à la politique d'information à la Chambre haute du Parlement, prédit déjà sur son Twitter : "*En cas de la victoire de Fillon, le tandem Berlin-Paris va éclater en ce qui concerne la Russie, et Merkel restera seule avec Varsovie et les Baltes. Une presque solitude*". Une fois l'unité européenne affaiblie dans une question aussi importante, une impulsion centrifuge supplémentaire sera donnée aux forces eurosceptiques déjà à l'œuvre dans plusieurs pays.

Pour le Kremlin, miser sur la victoire de François Fillon ou sur celle de Marine Le Pen – qui ont des positions similaires sur le régime russe – est un pari gagnant-gagnant.

Thierry Mariani

Ministre des Transports entre 2010 et 2012, député des Français de l'étranger depuis les dernières élections législatives, Thierry Mariani a été un soutien de la première heure de Nicolas Sarkozy. Le chef de file de la Droite populaire s'est progressivement éloigné de l'ancien chef de l'État, au point de déclarer aujourd'hui que «le discours de 2007 ne prend plus en 2016 (car) les gens ont envie d'autre chose». L'élu «envoyait des signaux depuis plusieurs semaines» en participant à des réunions organisées par François Fillon, indique l'entourage de celui-ci.

François Fillon a été rejoint début 2016, alors que sa candidature en vue de l'élection de 2017 semblait vouée à l'échec, par le jusque-là très sarkozyste Thierry Mariani, qui se trouve être le plus "poutinophile" des hommes politiques français. Le chef de file de la Droite populaire, courant de l'aile souverainiste des Républicains, est allé jusqu'à cautionner l'annexion de la Crimée par la Russie, et est un habitué du "Damas-Express", ces voyages d'élus français pour aller voir Bachar el-Assad, le président syrien, considéré comme un pestiféré par la diplomatie française. Lors de son ralliement à François Fillon, en février 2016, Thierry Mariani expliquait: "En politique étrangère, il est le plus constant et le plus régulier dans ses choix, notamment sur la Russie."

Ces propos se retrouvent dans les déclarations de François Fillon sur l'action de la Russie en Syrie : dans une interview à "Valeurs actuelles", en novembre 2015, il déclarait qu'il fallait "se féliciter que la Russie soit intervenue en Syrie".

Et, dernièrement, au moment où Moscou est particulièrement critiquée pour les bombardements massifs visant la partie d'Alep encore tenue par les rebelles, l'ancien Premier ministre a souligné sur France Inter qu' "en Syrie, Poutine a fait preuve d'un pragmatisme froid mais efficace". Il a également récusé l'emploi du mot "massacre" à propos des bombardements par la Russie et le régime de Damas des hôpitaux et convois humanitaires à Alep.

Front National

C'était le 12 juin 2014, dans un salon du "bunker", l'ambassade de Russie à Paris. Zakouskis et vodka glacée pour célébrer la fête nationale, l'ambiance est chaleureuse, et la salle, bondée. Malgré l'annexion récente de la Crimée, le gratin diplomatique est là, des artistes et des hommes d'affaires français aussi.

Soudain, une porte s'ouvre, une rumeur enfle. Marine Le Pen et sa nièce Marion, la jeune députée FN, s'avancent, en majesté. Le truculent ambassadeur Orlov les accueille d'un sourire complice. Ces derniers temps, ils se sont souvent rencontrés en privé, mais c'est la première fois que les Le Pen et l'émissaire de Poutine en France s'affichent ensemble.

C'est une alliance politique majeure qui s'est nouée dans la discrétion. Elle peut changer la face du Vieux Continent. Depuis plusieurs mois, le Kremlin mise sur le Front national. Il le juge capable de prendre le pouvoir en France et de renverser le cours de l'histoire européenne en faveur de Moscou.

Loin des regards, les dirigeants russes multiplient les rencontres avec les leaders du parti d'extrême droite, eux-mêmes ravis d'être enfin courtisés par une grande puissance. C'est vrai, je vais souvent à l'ambassade de Russie, reconnaît Marion Maréchal-Le Pen. Ma tante m'y encourage."

La présidente du FN est une inconditionnelle de Poutine. Dans la presse russe, elle revendique sa "loyauté" envers l'ex-colonel du KGB, son grand frère de l'Est, qu'elle "admire". A tel point qu'elle souhaite que "la France quitte l'Otan et s'allie militairement à Moscou". Elle y est allée à deux reprises ces derniers mois. Son père, Jean-Marie, s'y rendra, lui, fin octobre. Mais, attention, lâche Marion, comme pour masquer sa gêne, "nous ne sommes pas des agents de Moscou".

Tout commence au quartier Latin, en plein Mai-68. Un jeune et talentueux peintre moscovite, Ilya Glazounov, débarque à Paris. L'artiste, déjà célèbre dans son pays, est un personnage sulfureux. Il se dit monarchiste, le KGB le qualifie même d''"antisémite". Pourtant, le régime communiste le juge utile à sa propagande et le promeut.

En France, Glazounov est donc en mission : il doit peindre les personnalités françaises que le Kremlin veut séduire, dont la plus prestigieuse, le général de Gaulle. Son aventure parisienne va prendre un autre cours.

Aujourd'hui, Ilya Glazounov, 84 ans, a gardé ses manières de dandy, sa crinière grise et son complet à rayures. En Russie, il est adulé. Il nous reçoit dans le musée d'Etat qui porte son nom à Moscou, inauguré par Poutine en 2004. Pour la première fois, il raconte sa rencontre avec Jean-Marie Le Pen :

« *Un jour d'été 1968, un copain français m'a emmené en face de la Sorbonne, dans un café tenu par un chanteur russe. Il y avait là un jeune homme qui avait édité des disques de chants nazis et de la Russie impériale. C'était Jean-Marie. Il adorait mon pays. Nous sommes restés amis jusqu'à aujourd'hui."*

A défaut du Général, qu'il ne rencontrera jamais, Ilya Glazounov immortalise des ministres, tels Edgar Faure et Louis Joxe, mais aussi... Pierrette Le Pen, qui vient de donner naissance à Marine ("Je l'ai tenue dans mes bras", fanfaronne l'artiste). Il peint aussi son ami

Jean-Marie en officier parachutiste - le portrait trône toujours dans le vestibule du manoir de Le Pen à Saint-Cloud.

Pendant vingt ans, Ilya et Jean-Marie s'écrivent et se parlent de temps à autre au téléphone. Ils se retrouvent en 1991, lors du premier voyage de Le Pen à Moscou. Glazounov anime alors Pamiat, un puissant mouvement antisémite que le pouvoir communiste a laissé prospérer et qui fournira bon nombre de leaders nationalistes russes d'aujourd'hui.

Au cours de son séjour, le président du Front national tombe sous le charme de l'autre vedette locale de l'extrême droite, Vladimir Jirinovski. Lui aussi est contrôlé en sous-main par le KGB. Qu'importe : le clown Jirinovski est francophone et bon vivant. Entre "Jirik", pour qui "trop de juifs" prospèrent en Russie, et "Jean-Marie", pour qui les chambres à gaz sont "un point de détail de l'histoire", une idylle se noue.

Ils déjeunent ensemble, l'année suivante, chez les Le Pen à Montretout. "Jirik" vient avec l'un de ses assistants francophones, Edouard Limonov, l'écrivain devenu héros du livre d'Emmanuel Carrère.

J'ai remarqué le portrait signé Glazounov dans l'antichambre, Le Pen était ravi", se souvient Limonov. En 1996, le leader extrémiste russe invite son ami français à ses noces d'argent, dans la banlieue de Moscou. Dix-huit ans plus tard, le président d'honneur du FN évoque, avec éblouissement, ces agapes sous haute surveillance:La fête, somptueuse, était protégée par un bataillon du FSB"

Mais leurs amours vont s'étioler. Après la prise du pouvoir par Poutine en 2000, "Jean-Marie" comprend que "Jirik" n'est plus le bon cheval. Le Kremlin mise sur un autre parti d'extrême droite jugé plus fiable, qu'il monte de toutes pièces pour siphonner les voix des nationalistes : Rodina ("Patrie").

Voilà Le Pen de retour à Moscou, en 2003, à l'invitation de l'un des fondateurs du nouveau mouvement, Sergueï Babourine (aujourd'hui vice-président de la Douma). Il est choyé.

« Cette année-là, nous avons fait, Jany et moi, la tournée des grands-ducs pendant une semaine, s'amuse le fondateur du FN : une croisière à Saint-Pétersbourg, un déjeuner à l'Académie des Sciences, un dîner à l'Union des Ecrivains."

Et puis, à l'abri des regards, le leader de l'extrême droite française, qui vient d'affronter Jacques Chirac au second tour de la présidentielle, rencontre des personnalités politiques importantes, proches du président russe :

J'ai longuement discuté avec le père Tikhon, le confesseur de Poutine. Et avec un vieil homme qui connaissait très bien la France et qui tenait absolument à me voir : l'ancien patron de Poutine, Vladimir Krioutchkov [le chef du KGB de 1988 à 1991, celui-là même qui a 'créé' Jirinovski,"

Le chef du FN ne déplaît pas aux nouveaux maîtres du pays, Vladimir Poutine et ses amis, puisqu'il revient à Moscou, en juin 2005, encore à l'invitation du mouvement nationaliste Rodina. C'est son anniversaire, on lui offre un cadeau : un pistolet-mitrailleur. "Un modèle d'avant la kalachnikov", précise Le Pen, qui l'exhibe fièrement. Et puis on l'autorise - faveur rarissime - à visiter les appartements privés du président russe au Kremlin, refaits par son vieil ami Glazounov, devenu le peintre et le décorateur préféré du régime. *« Au Kremlin, Ilya et moi étions accompagnés par un colonel du FSB."*

Le clan Poutine bichonne Jean-Marie Le Pen, mais prend garde à ne pas trop s'afficher avec lui. Le fréquenter ouvertement risquerait de déplaire aux présidents français, Jacques Chirac puis Nicolas Sarkozy qui nouent, alors, des accords stratégiques avec le pouvoir russe.

Même attitude au début avec Marine Le Pen, après qu'elle a remplacé son père à la tête du Front national, début 2011.

Pourtant, dès les premiers mois de son mandat, l'héritière s'emploie à vamper le Kremlin. Dans un quotidien russe, elle déclare sa flamme à Poutine et à son régime autoritaire. La crise, dit-elle aussi, donne la possibilité de tourner le dos à l'Amérique et de se tourner vers la Russie.

L'année suivante, pendant la campagne présidentielle, elle veut être adoubée par son idole. Elle cherche à le rencontrer - en vain. "*Un intermédiaire m'avait proposé de monter le voyage, mais il n'était pas sérieux*", regrette la présidente du FN.

Mais l'idée d'un rapprochement officiel avec la nouvelle chef du FN s'impose vite comme une évidence à Moscou. Tout y contribue. Une idéologie commune, d'abord. Depuis son retour au Kremlin en mai 2012, Vladimir Poutine se veut le rempart de "l'Europe chrétienne" contre la "décadence occidentale" et l'"hégémonisme américain" - des thèmes chers à l'extrême droite française.

Le corpus des valeurs que Poutine défend est désormais le même que le nôtre", s'enthousiasme Jean-Marie Le Pen. Marine vante, elle, le "modèle civilisationnel" de la nouvelle Russie. L'exacerbation des tensions diplomatiques entre Paris et Moscou explique le reste.

A peine installé à l'Elysée, François Hollande critique violemment la position du Kremlin sur la Syrie, les visites ministérielles se font plus rares, le dialogue franco-russe se tarit. Le Kremlin a donc besoin de nouveaux relais à Paris. L'ambassadeur Alexandre Orlov et son conseiller chargé des partis politiques français, Leonid Kadyshev, proposent d'oser Marine Le Pen et son mouvement. Le Kremlin leur dit banco !

A l'été 2012, ils aident au lancement sur internet d'une chaîne de télévision imaginée par d'anciens cadres du Front national : ProRussia.tv, ouvertement prorusse, comme son nom l'indique. Le directeur de la chaîne, Gilles Arnaud, un proche de Bruno Gollnisch, longtemps permanent du FN, raconte :

« Par l'entremise de l'ambassadeur Orlov, nous avons signé un contrat avec des médias d'Etat, dont Itar-Tass. Ils nous ont donné 115.000 euros pour la première année, 300.000 la suivante. "

La télévision, qui invite régulièrement des leaders d'extrême droite, diffuse la propagande du Kremlin en français. *« Nous n'avons pas eu de problème avec le CSA puisque nos serveurs étaient en Russie"*, dit Gilles Arnaud.

Il précise que ProRussia a été fermée en après que les autorités russes ont décidé de lancer elles-mêmes l'an prochain une chaîne francophone, dotée d'un budget de 20 millions d'euros.

Orlov et Kadyshev reçoivent régulièrement - et discrètement - les dirigeants du FN à l'ambassade ou à la résidence du diplomate. Les Le Pen comprennent le message et multiplient, eux aussi, les offensives de charme. En décembre 2012, Marion Maréchal-Le Pen, qui s'est inscrite au groupe d'amitié franco-russe à l'Assemblée, va à Moscou pour son premier (et seul) voyage hors de l'Union européenne. Elle est conviée à une rencontre interparlementaire par le président de la Douma, Sergueï Narychkine, un ancien du KGB, intime de Poutine. Elle est l'unique députée française présente.

Au déjeuner, comme Marion fête ses 23 ans ce jour-là, Narychkine demande à ses convives (dont ce bon vieux "Jirik") d'entonner un bruyant "Joyeux anniversaire". A son retour, la benjamine de l'Assemblée accorde une longue interview à ses amis de ProRussia.tv, dans laquelle elle déclare : *«La Russie a jeté son dévolu sur le FN. En tout cas, je l'espère..."*

Tout est donc prêt pour une visite officielle de sa tante, Marine, en Russie - la première. Elle a lieu en juin 2013 et débute par un mystérieux colloque intitulé "Morale et démocratie" qui se déroule en... Crimée.

"Un hasard", assure la présidente du Front national, qui soutiendra l'annexion de la presqu'île quelques mois plus tard. A Moscou, Marine Le Pen est reçue en grande pompe par l'incontournable président de la Douma, Sergueï Narychkine. Elle rencontre aussi un vice-Premier ministre de Poutine, chargé de l'armement, Dmitri Rogozine. Ce n'est pas un hasard. Rogozine est un ami du peintre Ilya Glazounov et l'un des fondateurs du parti nationaliste Rodina, qui a invité Jean-Marie à Moscou quelques années plus tôt.

Marine Le Pen se fend aussi d'un éloge passionné pour le régime de Poutine, à la prestigieuse université Mgimo, repère des futurs diplomates et espions. Elle rend hommage à son "cher Ilya Glazounov" et assure le pouvoir russe de sa "loyauté".

Cette "loyauté", elle la prouve neuf mois plus tard, lors de l'annexion de la Crimée. Le 16 mars 2014, les séparatistes organisent un référendum à la va-vite. Moscou a besoin d'"observateurs" indulgents. L'extrême droite européenne, et notamment le Front national, est sollicitée pour "certifier" le scrutin si contesté. Le conseiller international de Marine Le Pen, Aymeric Chauprade, se rend sur place.

Puis il s'envole vers Moscou, où, comme par hasard, il participe à une conférence à huis clos avec le financier des séparatistes, l'oligarque Konstantin Malofeev - "un ami", dit Chauprade. La discussion secrète a lieu dans une salle... du musée Glazounov. "Malofeev la loue tous les mois pour ses rencontres avec ses correspondants européens", explique le vieux peintre nationaliste. Chauprade retournera par la suite au moins deux fois à Moscou.

Marine Le Pen, elle aussi, fait du zèle. Le rapprochement s'accélère. Moins d'un mois après l'annexion de la Crimée, elle retourne dans la capitale russe, le 12 avril 2014. Une visite de soutien - certains diraient d'allégeance. Elle ne rencontre toujours pas Poutine, mais son ami Narychkine et le patron de la commission des Affaires étrangères de la Douma, qui, sanctions obligent, n'ont plus le droit de se rendre en Europe.

Cinq jours plus tard, elle est récompensée : à la télévision russe, le président Poutine se félicite du"succès de Marine Le Pen" aux élections municipales en France. Et, en juin, le parti du Kremlin, Russie unie, annonce qu'il va s'associer officiellement au Front national (tout en conservant ses liens avec l'UMP).

Crédit Russe

« Notre parti a demandé des prêts à toutes les banques françaises, mais aucune n'a accepté, explique-t-elle. Nous avons donc sollicité plusieurs établissements à l'étranger, aux Etats-Unis, en Espagne et, oui, en Russie. Nous attendons des réponses."

« Quelle banque russe ? Je ne sais pas, c'est le trésorier du parti qui s'occupe de cela." Celui-ci n'en dira pas plus. Toutefois, Marine Le Pen précise, comme si on pouvait en douter : L'idée est, bien sûr, de rembourser ces prêts..."

Jean-Marie Le Pen retournera à Moscou fin octobre. "J'assisterai à un match de boxe", explique-il. Qui l'invite ? "Des amis russes." Lesquels ? Il ne veut pas répondre. Il dit seulement qu'il verra aussi son cher Ilya, qui rêve toujours de peindre Marine.

Donald Trump

À peine Donald Trump a-t-il été élu qu'un vent de panique a soufflé sur l'Europe. La Russie et les USA, des amis? Impossible! À moins que la victoire du républicain ait été assurée par les agents du Kremlin, qui mènent tout le monde en bateau et cherchent en réalité à recréer l'URSS pour semer le désordre en Europe.

La victoire de Trump, le plus grand succès des services secrets russes? « *La restauration de l'empire soviétique est enclenché, et les États-Unis ne chercheront pas à l'arrêter.*» C'est en tout cas ce qu'affirme le Daily Mail. À l'appui de ses propos, le quotidien britannique cite un argument extrêmement préoccupant: Donald Trump envisagerait d'établir des «relations amicales» avec la Russie...

Les sanctions imposées sur la Russie et, par conséquent, la paix dans le monde sont désormais menacées. Il y a en effet de quoi s'inquiéter. Le nouveau locataire de la Maison Blanche a reçu une « merveilleuse lettre de Vladimir Poutine», après quoi il s'est entretenu avec ce dernier au téléphone. Et ce, alors que les avions russes et syriens frappent Idlib et tuent des djihadistes du Front al-Nosra par dizaines.

Qui plus est, le président syrien a qualifié M. Trump d'«allié naturel», si celui-ci combat le terrorisme. Mais de quel terrorisme peut-il s'agir, quand une menace beaucoup plus importante pèse sur le monde : la fameuse agression russe. Du coup, et malgré les bases de l'Otan qui encerclent la Russie de tous bords, l'Europe se sent à la fois extrêmement vulnérable face à cet ours déchaîné et trahie par son fidèle ami américain. «Le message peut à peine être plus clair : arrêter l'agression russe en dehors de ses frontières n'est pas une priorité pour le président américain élu», conclut le Daily Mail.

«*L'objectif de Poutine est à la fois discret et simple : la fin de l'Occident comme entité culturelle et politique cohérente* », insiste le média. Et d'ajouter : «*La Russie déteste l'idée selon laquelle des riches démocrates d'Amérique du Nord et d'Europe devraient diriger le monde.*»

Mais attendez, qu'y a-t-il de mal à vouloir rendre le monde multipolaire? Un ordre mondial qui traduira non seulement la volonté des riches, mais qui respectera aussi tous ses acteurs et assurera plus de stabilité. C'est d'ailleurs une vision défendue par Vladimir Poutine et qu'il a plusieurs fois cherché à transmettre au monde. Sauf que Washington ne s'empresse pas de partager son pouvoir et crie au scandale à chaque fois que quelque chose ne va pas comme il le veut.

Pour preuve, les récentes élections présidentielles en Bulgarie et en Moldavie, qui ont toutes deux été marquées par la victoire de candidats promouvant la coopération avec la Russie. Accepter qu'il existe des pays qui cherchent, étant donné leur histoire et leur culture communes, à maintenir des relations étroites et de confiance avec Moscou ? Beaucoup trop naïf!

Les Anglo-Saxons eux y voient parfaitement bien la Main du Kremlin et une preuve de plus que l'Europe est en péril. Sinon, qui préférerait librement la Russie à l'Occident? «*Le fait est que Moscou attise l'instabilité et la division à travers l'Europe*», note le Daily Mail. « *Les espions russes ont déjà montré sans pudeur de quoi ils étaient capables lors de la présidentielle américaine*», indique le média britannique. Le Kremlin révèle le contenu de la lettre de Poutine à Donald Trump. Certes, la victoire du candidat républicain a fait couler beaucoup d'encre, mais personne n'a jusqu'à présent fourni de preuve de «mystérieux contacts avec le Kremlin» qui auraient joué un rôle crucial dans son triomphe.

Même le FBI n'y a trouvé aucune confirmation. Et s'il y en avait, Obama et Clinton auraient-ils accepté de voir Donald Trump s'installer à la Maison Blanche? Quoi qu'il en soit, accepter la nouvelle page qu'ouvre la victoire de Donald Trump, bien que pleine d'imprévu, ne semble pas facile pour l'Europe. Mais au lieu de chercher partout la Main du Kremlin et d'alimenter l'illusion d'une agression qui n'existe pas, ne serait-il pas mieux d'admettre que la société est fatiguée des intrigues politiques et du politiquement correct et qu'elle peut encore nous réserver son lot de surprises ?

Et si la victoire de Donald Trump à la présidentielle américaine de 2016 était une opération réussie des services secrets russes? C'est ce qu'affirment certains partisans de Clinton. L'élection surprise du milliardaire républicain Donald Trump à la présidence des États-Unis a provoqué l'inquiétude des internautes soutenant Hillary Clinton, certains allant même jusqu'à affirmer qu'il s'agit d'une opération spéciale du Kremlin.

«*Nous assistons à l'opération la plus réussie des services secrets russes depuis l'époque où les Rosenberg ont volé la bombe atomique*», affirme notamment sur Twitter David Frum, éditorialiste néo-conservateur et ancien auteur des discours du président américain George W. Bush.

M. Frum rappelle une affaire retentissante de la guerre froide : des communistes newyorkais, Ethel et Julius Rosenberg, ont été exécutés pour espionnage au profit de l'URSS au début des années 1950. À l'époque, la condamnation à mort des époux Rosenberg, alors qu'ils avaient toujours clamé leur innocence, avait fasciné la sphère médiatique, qui parlait d'un complot et d'une erreur judiciaire. Soixante ans plus tard, les théories du complot refont surface.

L'ancien ambassadeur américain Michael McFaul n'a lui aussi pas tardé à voir la fameuse «main du Kremlin» dans la victoire de Donald Trump. Il a publié sur Twitter un message accusant la Russie d'ingérence dans la course à la Maison Blanche : «M. Poutine est intervenu dans nos élections et il a réussi». Il a curieusement supprimé sa publication quelques minutes après.

Les auteurs de ces spéculations n'ont pas l'air d'être au courant de l'actualité. Donald Trump a à plusieurs reprises rejeté les accusations sur ses liens avec Moscou pendant sa campagne électorale. Le ministère russe des Affaires étrangères a aussi démenti ces informations et les autorités russes se sont déclarées prêtes à dialoguer avec n'importe quel président élu par le peuple américain.

Qui plus est, les partisans de la théorie du complot ne prêtent même pas l'oreille aux déclarations du Federal Bureau of Investigation (FBI), qui a aussi démenti l'existence des liens entre Moscou et le président élu Donald Trump.

En été dernier, le FBI a procédé à une enquête dans plusieurs directions, tentant de détecter des liens entre M. Trump et les milieux d'affaires russes, ainsi que de contrôler les liens de ses conseillers. À l'heure actuelle, l'enquête n'a pas donné de résultats, selon le New York Times.

Israël

Lors de ses différents mandats de ministre et de Premier ministre, l'actuel député de Paris et désormais candidat à l'élection présidentielle de mai 2017 pour le parti Les Républicains a à de nombreuses reprises eu l'occasion de s'exprimer – parfois de façon sévère et hostile – sur les juifs de France, Israël, le conflit israélo-palestinien et la guerre en Syrie.

Relativement préservés de toute polémique durant la campagne des primaires, certains de ses anciens propos se trouvent sous le feu des critiques.

«Les intégristes sont en train de prendre en otage la communauté musulmane, il faut combattre cet intégrisme. Comme d'ailleurs dans le passé on a combattu une forme d'intégrisme catholique ou comme on a combattu la volonté des Juifs de vivre dans une communauté qui ne respectait pas toutes les règles de la République française », a-t-il avancé, sans préciser à quels agissements il faisait référence.

Face à la polémique, le CRIF, via Twitter, a déclaré : *«La loi du pays est la loi, adage talmudique qui impose aux Juifs depuis l'Antiquité le respect des lois du pays où ils vivent. »*

L'UEJF a de son côté demandé des précisions à l'homme politique tout en s'interrogeant sur *«la pertinence [de ses] propos qui comparent trois phénomènes intervenus à trois époques différentes, et qui essentialisent les Juifs, les musulmans, les chrétiens en les renvoyant dos-à-dos à trois communautés religieuses compactes et indistinctes »*.

Haïm Korsia, grand rabbin de France, s'est lui entretenu par téléphone avec l'ancien Premier ministre. Les deux hommes s'étaient récemment rencontrés lors de l'hommage rendu à Shimon Peres à la synagogue de la Victoire.

« Il a tenu à réaffirmer l'attachement des Français de confession juive à la France et à ses valeurs et leur souci d'intégration à la société française, a indiqué Yaël Hirschhorn, sa conseillère en communication.

« Il a également souligné que le communautarisme juif qui a pu exister jadis n'était en rien le fait ni le choix des citoyens de confession juive, mais la conséquence de la non-acceptation par la société française d'alors de leurs semblables. »

Le grand rabbin « a par ailleurs rappelé le rôle du Grand Sanhédrin mis en place par Napoléon en 1806, qui n'est autre que la proclamation de la garantie de pouvoir vivre le judaïsme dans le respect des lois de la République », a-t-elle ajouté.

Interrogé sur la chaîne d'information i24 News, Jérôme Chartier, porte-parole de François Fillon, a évoqué une « mécompréhension » des propos du candidat.

«François Fillon est très clair sur le fait qu'il peut exister dans tout mouvement religieux des dérives sectaires. Cela existe, chacun le sait. Mais en même temps, il a toujours salué l'intégration des Juifs de France, qui ne date pas d'hier puisque le Consistoire date de Napoléon. [...] Les juifs de France sont Français, comme les chrétiens de France sont Français, comme les musulmans de France sont Français... Sauf ceux qui participent à l'intégrisme islamique, au totalitarisme islamique et qu'il faut combattre», a-t-il expliqué.

Quelques heures plus tard, François Fillon réagissait à la polémique sur Twitter. « Depuis ce matin, certains essayent d'exploiter une phrase que j'ai prononcée sur Europe 1, a-t-il affirmé. Il n'a jamais été dans mon intention de remettre en cause l'attachement de la communauté juive de France à nos valeurs communes et au respect des règles de la République. Cet attachement est ancien et sincère, je le sais. Je déplore donc qu'en cette fin de campagne certains aient osé instrumentaliser mes propos. »

Trois jours avant le premier tour de la primaire, lors du dernier débat télévisé, le député de la 2e circonscription de Paris avait dénoncé plus adroitement « la montée d'un phénomène totalitaire » – l'islamisme radical –, qui se définit par « la montée d'un mouvement politique [...] qui fait peser une menace sur la paix mondiale, qui a des tentations génocidaires, et qui veut détruire les chrétiens d'Orient et mettre dehors les Juifs d'Israël ».

François Fillon avait déjà stigmatisé la communauté juive française auparavant, notamment en juillet dernier, quand il avait défendu le report de certaines épreuves du baccalauréat pour les musulmans qui fêtent l'Aïd-el-Fitr. « *[Le report des épreuves] est une tradition française depuis toujours. C'est le général de Gaulle le premier qui avait pris des décisions pour que les fonctionnaires français qui étaient de religion juive ou musulmane puissent, lorsqu'il y avait des fêtes religieuses importantes, ne pas travailler ces jours-là*, avait-il déclaré sur RTL. *Les principaux bénéficiaires ne sont pas du tout les musulmans mais les Français de religion juive, qui sont très intransigeants sur la question des fêtes religieuses. En réalité, il y a très peu de musulmans qui profitent de cette situation.* »

Plus tôt, en 2012, alors Premier ministre, il s'était également attiré les foudres de certains pratiquants en remettant en cause l'abattage rituel.

«*Les religions devraient réfléchir au maintien de traditions archaïques qui n'ont plus grand-chose à voir aujourd'hui avec l'état de la science, l'état de la technologie, les problèmes de santé*», avait-il prononcé sur Europe 1.

Outre ses propos polémiques concernant la communauté juive, François Fillon a à plusieurs reprises provoqué la colère des soutiens français à l'État d'Israël.

Notamment en novembre 2015, suite aux attentats de Paris, quand il s'est prononcé favorable à une « coalition mondiale » contre l'État islamique qui inclurait la Russie, l'Iran, les Kurdes, le gouvernement irakien, le régime syrien de Bashar el-Assad et le Hezbollah – groupe chiite libanais– et dont il a rencontré des cadres en juillet 2013.

«Il faut soutenir l'Iran qui est engagé contre l'État islamique, a-t-il déclaré sur France Inter. Je sais que beaucoup de messages vont venir sur cette question, en particulier d'Israël, mais quand Israël a besoin de s'allier avec des gens qui ne respectent rien en matière de morale internationale, ils savent le faire pour défendre leur survie, et personne ne peut le leur reprocher. »

Interrompu par le journaliste Patrick Cohen, qui lui rappelle que « la vocation du Hezbollah est de détruire Israël », il répond qu' *« il est hors de question de laisser le Hezbollah menacer l'État d'Israël. Mais le Hezbollah est la force qui tient le Liban, physiquement, qui fait en sorte que ce pays ne se dote pas des institutions nécessaires pour continuer sa marche démocratique. La position que je défends n'est plus isolée, c'est la position du gouvernement français. »* Le Liban a depuis élu un président Michel Aoun, allié du Hezbollah. Saad Hariri aura pour tâche de contrebalancer ce pouvoir.

Peu après, en mars 2016, François Fillon se rendait en Iran « pour s'entretenir de la situation économique et sociale de ce pays et de la région du Proche et Moyen Orient ».

Selon le communiqué publié sur son site par son équipe de campagne, il a insisté *«sur la nécessité de bâtir une stratégie internationale commune pour vaincre l'État islamique et créer les conditions d'un processus de paix en Syrie. Il s'est fait l'avocat auprès* des autorités iraniennes de la cause du Liban, aujourd'hui menacé par les divisions internes et l'absence d'institutions viables. Il a rappelé la position de la France vis-à-vis de son allié, Israël, qui a droit à la sécurité et dont l'existence ne peut être mise en cause. Sans cela, les Palestiniens ne pourront faire prévaloir leur droit légitime à un État. »

Le député UDI Meyer Habib – qui soutenait Nicolas Sarkozy – s'est dit préoccupé par ces rapprochements et ce soutien à une alliance avec le Hezbollah et l'Iran.

« François Fillon a une très solide expérience et un programme ambitieux en matière économique et sociale, a-t-il écrit. S'agissant d'un sujet qui m'est cher, la politique extérieure et la sécurité d'Israël, il y a eu des prises de position contrastées. Pour être parfaitement transparent, si François Fillon a donné des gages d'amitié à Israël au cours des dernières semaines, notamment en s'opposant au BDS et en dénonçant le vote à l'UNESCO, je reste préoccupé par ses projets d'alliance avec l'Iran, le régime syrien d'el-Assad et le Hezbollah contre l'État islamique. »

Comme le rappelle le député UDI, François Fillon s'est farouchement prononcé contre le vote à l'UNESCO sur l'adoption d'une résolution controversée sur les noms des lieux saints de Jérusalem.

« Les récentes résolutions votées sont inacceptables et je comprends qu'elles aient choqué. La France aurait dû voter contre ces textes déséquilibrés qui nient la réalité historique de Jérusalem. La France n'a pas à prendre parti et à réécrire l'Histoire des autres. Nous devons conserver une position médiane et objective pour aider à la résolution du conflit », avait-il confié au site Elnet.

Lors du même entretien, interrogé sur la conférence de Paris, organisée en juin dernier dans un espoir de relance du processus de paix israélo-palestinien, le Sarthois avançait qu'il ne s'agissait pas de « favoriser l'une des parties plutôt qu'une autre, mais plutôt de les *ramener à la table des négociations pour que les intérêts de chacun soient entendus. »*

Les Palestiniens ont légitimement droit à un État, a-t-il ajouté. Israël doit également voir respecter son intégrité territoriale et sa sécurité. Les négociations menées depuis quelques années ont été un échec. L'idée d'organiser une conférence sur la paix à Paris sans les parties au conflit n'avait aucun sens. Je suis contre une reconnaissance unilatérale mais pour le dialogue et la volonté commune de parvenir à une solution territoriale. Je m'impliquerai personnellement. Il faut une coordination avec l'Union européenne et les États-Unis, un agenda de négociation pragmatique pour restaurer un minimum de confiance entre les parties. »

En janvier 2014 aussi, lors d'une visite de trois jours en Israël, François Fillon avait soutenu le pays dans son droit à la sécurité. Durant son discours au Campus francophone de Netanya, il avait adopté une posture très pro-israélienne.

Malgré ces propos élogieux à l'égard de l'État hébreu, quelques mois plus tard, en novembre 2014 lors de la vague de reconnaissances de l'État palestinien par plusieurs parlements européens dont celui de Paris, à l'antenne de BFM TV, François Fillon critiquait ouvertement l'attitude d'Israël et expliquait que le pays « [menaçait] la paix mondiale en retardant [l']échéance [de la création d'un État palestinien] – dont il avait plaidé la création dès 2011.

« Je dis aux Israéliens que s'ils n'acceptent pas, s'ils ne comprennent pas que la création de cet État palestinien est la condition sine qua non de la paix dans cette région, non seulement ils prennent des risques pour l'avenir à long terme, mais ils font prendre des risques au monde entier. Parce que je pense qu'aujourd'hui, la situation au Proche Orient est une menace pour la sécurité intérieure de nos propres pays », avançait-il.

« *Cette idée qu'Israël pouvait rester une sorte d'îlot pacifique et prospère au milieu de cette guerre est une idée folle, qui surtout aujourd'hui se révèle être une idée fausse. Il faut faire pression sur Israël pour qu'il accepte de rentrer dans un processus de négociation et en particulier qu'il libère les territoires sans lesquels il n'y aura jamais de paix en Palestine. Un certain nombre de colonies sont créées en contradiction totale avec les engagements qui avaient été pris dans le cadre des accords précédents* », concluait-il.

Un mois plus tard, sur RMC, il réaffirmait son appel à faire pression sur Israël pour la reprise des pourparlers de paix. « *Les Palestiniens ont [aussi] leurs responsabilités, parce que malheureusement le Hamas bloque le processus et n'est pas un interlocuteur avec lequel on peut facilement trouver des solutions, nuançait-il. Mais en même temps, on voit avec le mitage des colonies que le territoire palestinien est en train de disparaître. Il n'y a pas de solution en Israël sans un État palestinien.* »

Dans son intervention, il défendait aussi l'étiquetage des produits de Judée-Samarie et du Golan, approuvé quelques jours plus tôt par les instances européennes. « *C'est très modeste par rapport à ce que l'Europe devrait faire* », estimait-il.

« *Je ne suis pas contre Israël mais je suis attaché à la création d'un État palestinien, je veux la paix, argumentait-il. On a tendance à être plus sévère avec Israël car c'est un pays fort, organisé et puissant.* » Il en profitait aussi pour se prononcer cette fois opposé à l'étiquetage des produits israéliens.

Face à ces différentes déclarations et prises de position, on peut légitimement se demander comment se positionnera François Fillon sur les dossiers concernant Israël et le Moyen-Orient s'il est élu président de la République à l'issue du second tour du scrutin, le 7 mai prochain.

Comme ses récents propos laissent à penser, tentera-t-il de soutenir un rapprochement de la France avec Bachar el-Assad, l'Iran et le Hezbollah – ceci dans le but de vaincre l'État islamique –, tout en continuant à défendre la sécurité et l'intégrité d'Israël ?

S'il choisit d'adopter une telle stratégie, on peut, dans le pire des cas, craindre qu'aucun des partis concernés ne lui accorde confiance et crédibilité. En attendant, la question aura toujours lieu d'être posée : François Fillon, ami ou ennemi d'Israël ?

Le discours de François Fillon au Campus francophone de Netanya (Juin 2014)

Mesdames et Messieurs,

Je veux dire tout l'honneur que je ressens à être votre hôte et toute mon émotion de m'exprimer devant la jeunesse israélienne qui est l'âme de votre étonnante nation. Je connais la haute réputation de votre collège et je sais les liens culturels qui l'unissent à la France.

Sur ce campus, vous savez combien les armes de l'esprit sont essentielles à la liberté et à la raison, et dans ce chaudron qu'est le Proche Orient ces armes sont plus que jamais utiles. J'ai toujours été passionné par le destin d'Israël et intéressé par les enjeux que recouvre cette région qui a vu s'écrire les pages les plus anciennes et les plus intenses de l'humanité.

Je me souviens de la guerre des six jours. J'avais 13 ans. L'oreille collée à la radio, je suivais les évènements où l'on parlait d'un chef militaire à l'œil bandé - Moshé Dayan - et je sentais que l'Histoire était là-bas brulante.

Pendant la guerre du Kippour, j'ai tremblé pour Israël. Chacune de nos nations a dû surmonter des épreuves pour exister et s'unir, mais Israël n'est pas tout à fait une nation comme les autres.

Elle est née sur les décombres de la shoah, la pire barbarie contemporaine. Peu de nations naissent avec autant de fantômes autour de leur berceau, et cet enfantement dans la tragédie ne peut être oublié par vous naturellement, mais aussi par nous européens.

L'antisémitisme a placé le peuple juif à la frontière de son extermination et il a projeté notre continent dans l'abime.
Nous le savons, les braises de cet antisémitisme ne sont pas éteintes, et en France comme dans bien d'autres Etats, nous voyons ressurgir des discours et des actes inadmissibles.

La République française est et sera toujours intraitable à l'égard de l'antisémitisme, comme elle l'a été récemment à l'égard d'un humoriste aux propos abjects. En France, l'antisémitisme n'est pas une opinion, c'est un délit ! Pour moi, les choses sont claires : la liberté d'expression ne peut être instrumentalisée par les adversaires de l'unité française et les violeurs de mémoire !

Le souvenir de la Shoah fait partie de votre âme, mais elle fait aussi partie de notre conscience européenne, et même universelle. Ce qui vous touche nous touche, ce qui vous tourmente nous tourmente, car il existe entre Israël et la France, entre Israël et l'Europe, un lien moral et historique.

A cela s'ajoutent des enjeux géopolitiques qui concernent le monde, et au premier rang le continent européen qui entretient avec vous comme avec le monde arabe des relations étroites. Comme toutes les nations, la vôtre supporte mal les leçons, et c'est avec humilité que je m'exprime devant vous.

Dans mon analyse de la situation régionale, je ne me départis pas de certains principes.Le premier, c'est qu'Israël est une vraie démocratie au sein de laquelle les arguments les plus contradictoires peuvent s'exprimer. Ca n'est faire injure à personne que de dire qu'autour d'Israël, cette liberté n'a pas d'égale.

Le second principe, c'est que votre nation a plus d'adversaires que d'amis dans la région. Et certains de ces adversaires ne cachent pas leur souhait de voir votre Etat disparaître.

Quand on vit avec cette menace, lorsqu'on est exposé quotidiennement à des tirs de roquettes, il est, je le mesure parfaitement, difficile de regarder sereinement l'avenir ; difficile aussi d'écouter les leçons de ceux qui, de l'étranger, s'érigent en juge d'un conflit qu'ils ne vivent pas dans leur chair.

Le troisième principe est lié au second : l'existence d'Israël n'est pas discutable, et sa sécurité n'est donc pas négociable. Israël est notre amie et notre alliée et quiconque menacerait son existence s'exposerait à notre réaction la plus rude.

Le dernier point, c'est celui de la nécessité de trouver, vaille que vaille, les chemins de la paix. Les palestiniens ont droit à un Etat viable, prospère, un Etat ou les enfants ne sont pas éduqués à prendre les armes.

Cela est nécessaire et cela est juste !

Aucune nation ne peut se résoudre à vivre éternellement en conflit avec ses voisins. Le goût de la paix est humain, et les nécessités de la realpolitik obligent un jour les adversaires à négocier.

Certains d'entre vous pensent sans doute que les circonstances ne s'y prêtent pas, que les garanties ne sont pas là, que l'adversaire n'est pas crédible...

Je comprends ces arguments.

Mais il y a toujours et il y aura toujours de bonnes raisons de ne pas faire la paix.

Car oui la paix est un risque, oui elle est faite de sacrifices, oui elle exige de pardonner ce qui parfois semble impardonnable, oui elle suppose une grande force intérieure.

Dans l'obscurité, la Torah n'enseigne-t-elle pas à voir en elle la promesse du jour ?

Pendant des siècles les nations européennes se sont déchirées, et ont, elles aussi, barricadées leurs frontières et construits des murs.

De 1870 à 1945, la France et l'Allemagne se sont détestées, envahies, détruites, jusqu'au jour où des hommes courageux et lucides ont décidé de changer le cours de l'Histoire.

Ce que la France et l'Allemagne ont réussi à accomplir, ce que l'Europe a réussi à faire, est un symbole qui peut inspirer ceux qui doutent de la «promesse du jour».

Israël a gagné bien des guerres. Aura-t-elle un jour l'audace et le cran inouï de gagner la paix ? La réponse est en vous et elle vous appartient d'abord car nul n'écrira votre destin à votre place.

La question israélo-palestinienne est figée depuis longtemps, cadenassée par un environnement politique qui est en train de se fissurer.

Les Printemps Arabes ont bouleversé des équilibres mis en place au début du XXème siècle.

100 ans plus tard, l'ordre de Suez vole en éclats ; les traités de la fin de la Première Guerre mondiale et l'héritage des accords Sykes-Picot sont remis à plat par la redistribution accélérée des cartes de la puissance au Moyen-Orient.

Le délitement des Etats irakien et syrien, la montée en puissance des ambitions régionales de l'Iran et de la Turquie, le rôle et les réactions de l'Arabie saoudite et du Qatar ainsi que le retrait relatif des Etats-Unis imposent une nouvelle réflexion stratégique.

Va-t-on vers un nouveau Proche-et Moyen-Orient, et lequel ?

Difficile de réponde, mais à l'évidence l'ordre ancien s'effondre.

La liste des bouleversements opérés ces dernières années est longue, mais je crois que nous pouvons en retenir trois.

Premièrement, celui de l'invasion américaine de l'Irak, dont nous savons aujourd'hui qu'elle reposait sur une logique viciée, qui a agi comme un premier déclencheur du changement politique en provoquant la chute du dictateur Sadam Hussein.

Plusieurs observateurs arabes avaient anticipé un effet-domino dans la région, ainsi que la nécessité nouvelle, pour les dirigeants, de se tourner davantage vers leurs opinions publiques.

Deuxièmement, la difficulté des régimes autoritaires à se réformer a été mise en évidence.

Aux prises avec des situations d'explosion démographique, de déclin économique et de corruption, ils ont perdu tout contrôle politique ! La hausse du prix des biens de première nécessité au Maghreb et le discrédit des pouvoirs ont rendu illusoire toute modernisation par le haut.

Au fond, le scénario qu'Alexis de Tocqueville avait décrit il y a plus d'un siècle et demi s'est révélé pertinent : l'engagement de réformes, écrivait-il, peut conduire à fragiliser, voire à faire tomber un régime politique qui s'y résout trop tard.

L'irruption de la société de l'information a changé la donne, comme la montée en puissance des réseaux sociaux. Mais leur rôle s'est arrêté là : on peut tweeter pour accélérer une révolution, mais on ne peut pas tweeter pour réaliser une transition !

Le troisième bouleversement, en forme de leçon, concerne l'exercice de la démocratie.

Le recours précipité aux élections s'est révélé chaotique dans des pays qui y étaient peu préparés, et où les seules forces d'alternance suffisamment organisées s'appuyaient sur l'Islam.

En Egypte, le renversement de Mohamed Morsi, certes élu démocratiquement, mais qui avait engagé le pays sur la voie d'une islamisation politique et sociale pour laquelle il n'avait pas reçu le mandat, a provoqué des débats en Europe...

Mais les faits sont là : le combat pour la liberté n'est pas nécessairement et mécaniquement l'antichambre de la démocratie.

Il peut être détourné par des forces hostiles, dont celle des fondamentalistes et de leurs appendices djihadistes dont les réseaux et l'idéologie nous menacent tous.

La guerre en Afghanistan et la mort de Ben Laden n'ont pas réglé le problème du terrorisme international qui s'est métamorphosé et étendu.

La France le combat au Sahel presque seule alors que la menace concerne toute l'Europe et reste en alerte sur son territoire. C'est une lutte que nous livrons ensemble contre l'obscurantisme.

A l'évidence, ce nouvel environnement chaotique dépendra, pour partie, de l'issue de la guerre en Syrie et de la gestion des ambitions de l'Iran.

Le 22 janvier dernier s'est ouverte à Montreux la conférence de Genève 2 sur la Syrie.

Depuis le début, je milite pour une négociation politique aussi pressante et dissuasive que possible, car une intervention militaire unilatérale contre le régime tyrannique de Bachar el Assad aurait constitué, à mes yeux, un saut dans l'inconnu, et il aurait sans doute brisé le Liban, qui est cher au cœur des Français.

Sous la pression russo-américaine, a été obtenu le démantèlement de l'arsenal non conventionnel syrien.

Sur le terrain, le malheur des populations syriennes n'en est pas pour autant résolu, mais il faut savoir se féliciter de ce désarmement qui libère la région, et notamment Israël, d'une éventuelle menace non conventionnelle émanant de la Syrie.

La vraie solution au drame syrien viendra d'un processus de négociation multilatérale qui sera long.

Genève 2 peut constituer une étape.

Avec pour premier résultat l'identification d'une opposition syrienne crédible ; et pour second résultat, celui de placer le régime de Bachar el Assad devant ses responsabilités face à la communauté internationale.

Il y a un moment où il ne pourra dire non à tout, sauf à risquer de voir cette communauté perdre patience et enfin réagir.

Après 40 ans de totalitarisme, il est normal qu'il soit difficile de structurer une alternative politique. Et cela ne se fera ni avec le maintien en l'état du régime actuel, ni avec l'avènement au pouvoir d'une opposition dominée par les islamistes sunnites.

Nous devons chercher la voie qui nous permettra de ne pas avoir à choisir entre le mal que nous connaissons, le régime de Damas, et celui que nous ne voulons pas connaître, un régime islamiste.

A défaut, et c'est une possibilité que nous sommes forcés de prendre en compte même si nous voulons l'éviter, ce sera la fin de la Syrie et sa division en plusieurs ensembles. Mais cela aurait des conséquences sur l'ensemble du Moyen-Orient, dont les frontières récentes risquent de se défaire.

Reste la question iranienne.

Face au risque de voir cet Etat se doter de l'arme nucléaire, trois voies étaient possibles :

Celle de la fatalité qui aurait marqué notre impuissance face à la prolifération. Celle la guerre, mais qui la voulait vraiment parmi nous ? Celle de la négociation.

L'accord signé à Genève le 24 novembre, est un premier pas, le premier depuis près de dix ans vers un possible règlement diplomatique de la crise.

Ce n'est qu'un début, mais il a imposé un gel des activités nucléaires de l'Iran pour six mois et a permis de sortir de la «négociation sur la négociation».

Les termes de cet accord sont en cours d'application. Ils reposent sur une approche réaliste qui prévoit, au titre de ses mesures de confiance, une suspension pour six mois de certaines sanctions, et la négociation d'un arrangement de long terme dont l'objectif est, d'ici un an, d'apporter des garanties durables sur la finalité exclusivement pacifique du programme iranien. Cet accord a été permis par l'impact des sanctions sur les ressources économiques du régime iranien.

Evidemment, les raisons de rester extrêmement vigilants sont nombreuses. Nous avons des raisons de ne pas accorder spontanément notre confiance aux engagements du régime iranien.

En conservant une capacité d'enrichissement, l'Iran garde la possibilité d'une militarisation de son programme nucléaire.

La prudence est de mise.

L'accord de Genève n'aura de sens que s'il permet une vérification complète et durable, assortie de conséquences sérieuses en cas de non-respect...

Le Moyen-Orient va probablement connaître un glissement de son centre de gravité politique vers Riyad, qui ne peut accepter de voir, précisément, l'Iran devenir la principale puissance régionale.

Cette sourde compétition entre ces deux États, a fait ressurgir le vieil affrontement entre sunnites et chiites qui bouscule tous les pays, brouille les cartes, et réinstalle la querelle religieuse au cœur des influences politiques.

Plus que jamais, l'Orient se complique, et plus que jamais le monde arabe doit être analysé et traité au pluriel.

Autour de vous, toute la région bouge, se déchire et se recompose à la fois. Et au milieu de cela, que faut-il penser de la paix entre israéliens et palestiniens ?

Pour certains, cette recomposition chaotique du paysage proche et moyen-oriental se prête moins que jamais à un dialogue efficace avec l'autorité palestinienne.

Pour d'autres, dont je suis, dont la France, l'Europe et les Etats Unis sont, il y a une opportunité à saisir.

Puisque les mondes arabes s'interrogent sur eux-mêmes, puisque beaucoup de vos Etats voisins sont en proie avec leur propre sort, puisqu'ils n'ont plus pour obsession centrale Israël qui, si souvent, a joué le rôle de bouc émissaire de leur propres turpitudes, il y a là sans doute pour vous une fenêtre d'opportunité pour définir avec les palestiniens les termes d'une paix raisonnable et équilibrée.

La France soutient les efforts de John Kerry.

Et plusieurs paramètres jouent en leur faveur : l'affaiblissement du Hamas, avec la chute des Frères Musulmans en Egypte ; la nécessité qu'il y a à aider le président Abbas, qui est un modéré, et qui, seul, peut faire accepter des concessions à son peuple.

Et puis, je crois à la lassitude d'une majorité de palestiniens qui rêvent de pouvoir vivre de leur travail et non plus de slogans.

Bref, je crois que le contexte géopolitique offre une chance de régler la question des frontières entre Israël et Palestine.

Les paramètres d'un accord sont connus et il appartient aux deux parties de faire des compromis.

Au moment même où Israël est en position de force, le choix d'une percée politique correspond, selon moi, aux intérêts à long terme de votre pays, dont la démographie évolue différemment de ses voisins.

Je vous l'ai dit, je n'ignore rien des risques et des sacrifices qu'exige la paix, pour vous comme pour les palestiniens qui devront, eux aussi, faire des concessions.

Mais si ce moment était saisi pour donner corps à la solution des deux Etats, avec un règlement exemplaire, alors une force politique et un message symbolique immense se dresseraient au-dessus du monde, au-dessus de ses violences et de ses fatalités destructrices.

Pour votre sécurité, pour faire advenir cette paix, sachez que la France restera toujours à vos côtés.

Israël, c'est la porte de notre propre Histoire ; c'est l'amie, l'alliée et la confidente de la vieille Europe.

La France vous estime et vous respecte, et il se trouve qu'elle est aussi, par son histoire et sa culture, un partenaire de plusieurs pays arabes qui nous font l'honneur de leur confiance.

J'en conviens, vous portez sur vos épaules une responsabilité qui dépasse vos existences quotidiennes.

Tous les peuples n'ont pas ce fardeau, tous n'ont pas cette charge que l'on peut aussi nommer... le «privilège» des grandes nations !

Jerusalem

Le 16 novembre dernier, lors d'un entretien accordé à ELNET le candidat François Fillon, vainqueur du premier tour des primaires avait indiqué ses positions qu'il veut équilibrées sur le conflit israélo-palestinien. A propos de l'abstention de la France à l'UNESCO, il avait déclaré à Elnet : « *Les récentes résolutions votées à l'UNESCO sont inacceptables… La France aurait dû voter contre ces textes déséquilibrés qui nient la réalité historique de Jérusalem. La France n'a pas à prendre parti et à réécrire l'Histoire des autres*».

L'equipe Fillon

Depuis près de deux ans qu'il a déclaré sa candidature, ils ont cheminé à ses côtés. D'autres sont avec lui depuis plus longtemps encore. Alors que François Fillon dispute ce soir un débat décisif, qui pourrait lui permettre de verrouiller son avance sur Alain Juppé, Europe 1.fr se penche sur les intimes, connus ou artisans de l'ombre, qui ont porté l'ancien Premier ministre de Nicolas Sarkozy jusqu'au second tour.

Patrick Stefanini

C'est peut-être à lui que François Fillon doit son score surprise (44,1%) au premier tour de la primaire. Il faut dire que Patrick Stefanini, directeur de campagne du candidat, sait conduire ses poulains jusqu'à la victoire, même lorsque la situation s'annonce compliquée. En 1995, c'est lui qui avait mené la campagne de Jacques Chirac face à un Edouard Balladur archi-favori dans les enquêtes d'opinion. En 2002, c'est encore lui qui œuvre dans l'ombre de l'ancien président de la République.

On le retrouve aussi en 2015 dans la campagne de Valérie Pécresse pour l'élection régionale en Île-de-France. Son secret ? On ne change pas une formule qui gagne : "J'ai fait un choix stratégique, que j'avais déjà fait dans toutes mes précédentes campagnes : distribuer un journal de campagne, tiré à 1,5 million d'exemplaires, dans les boîtes aux lettres. Je sais pour l'avoir fait avec Chirac en 1995 et en 2002, puis encore avec Pécresse en 2015, que cela a un fort impact. Cela permet aux gens – notamment les retraités – d'avoir le temps de lire le programme tranquillement chez eux", a confié ce haut-fonctionnaire au Monde.

Coup du sort, Patrick Stéfanini est un ancien proche d'Alain Juppé dont il fut, à Matignon, le directeur de cabinet. Il a également été condamné dans l'affaire des emplois fictifs, avant de devenir en 2011 préfet de... Gironde. En 2013, il rejoint Fillon avec la bénédiction d'Alain Juppé, accaparé par les municipales. Devenu l'outsider de la primaire, le maire de Bordeaux pourrait bientôt s'en mordre les doigts.

Jacques Gérault, le coordinateur.

Lui aussi a travaillé avec Alain Juppé, notamment comme directeur de cabinet lorsque ce dernier était au ministère de la Défense. Directeur des affaires publiques du groupe AREVA depuis 2011, cet ancien préfet de la Charente, de l'Oise et du Rhône rejoint l'équipe Fillon en février, au sein de laquelle il est chargé d'épauler Patrick Stefanini dans la gestion des affaires courantes.

Serge Grouard, l'ami de longue date.

En charge du projet de François Fillon, Serge Grouard a piloté la campagne du député de Paris lorsqu'elle n'en n'était encore qu'à ses balbutiements, et ce dernier au plus bas dans les sondages. Entre les deux hommes, c'est d'abord une longue histoire d'amitié. "On se connaît depuis plus de 30 ans. La première fois que l'on s'est rencontré c'était en Sarthe, j'étais jeune stagiaire et lui était très jeune député. J'ai tout de suite eu une sorte d'accroche, de sympathie", a-t-il raconté à France Bleu. Serge Grouard, ancien maire d'Orléans, fut aussi l'un des principaux lieutenants anti-sarkozystes de François Fillon, qui a eu à cœur, durant la campagne, de se démarquer de celui dont il fut le Premier ministre pendant cinq ans. "Il aurait un certain panache à respecter sa promesse de la campagne de 2012, quand il avait dit qu'il se retirerait de la vie publique s'il était battu...", avait lancé Serge Grouard à l'adresse de l'ex-chef de l'Etat en juillet 2014, dans les colonnes de La République du Centre.

Fin 2015 néanmoins, Serge Grouard prend ses distances avec le dispositif de campagne, en raison d'un désaccord sur son organisation, rappelle L'Opinion. Pour autant, il continue de défendre son champion dans les médias. "François Fillon est le seul à pouvoir redresser le pays", martelait-il encore en octobre dans Mag'centre.

Igor Mitrofanoff, le porte-plume.

Ancien assistant parlementaire de François Fillon qu'il a rencontré à ses débuts, Igor Mitrofanoff est aussi l'un de ses plus proches amis, puisqu'il est le parrain de son dernier fils, Arnaud. Plume du candidat au moins depuis que celui-ci est passé par Matignon, il a également mis son style élégant et acéré au service de Nicolas Sarkozy, à l'époque de la place Beauvau. Selon Les Echos, il serait à l'origine de la fameuse pique : "Je n'ai pas vocation à démonter des serrures à Versailles pendant que la France gronde", lancée en 2005 par le ministre de l'Intérieur à l'attention de Jacques Chirac. Igor Mitrofanoff, descendant de Russes blancs, fait aussi partie du cercle russophile autour de François Fillon - favorable à un rapprochement diplomatique avec la Russie -, et dans lequel on peut également compter Jean de Boishue, ancien professeur agrégé de russe qui fut chargé de mission auprès de l'ex-Premier ministre.

Bruno Retailleau

Cet ancien proche de Philippe de Villiers, est devenu l'un des principaux visages de la campagne de François Fillon. Catholique, opposé au Mariage pour tous, président des Pays de la Loire et patron des sénateurs LR, il n'a cessé dans les médias de présenter son champion comme une synthèse des candidatures d'Alain Juppé et de Nicolas Sarkozy, longtemps annoncés comme les favoris du scrutin. "François Fillon a été un point d'équilibre entre l'audace, le volontarisme de Nicolas Sarkozy et de l'autre la sérénité, l'apaisement, le rassemblement d'Alain Juppé", a-t-il encore avancé au lendemain du premier tour, sur Europe 1. Alors que l'ancien Premier ministre a lancé sa campagne en ciblant largement Nicolas Sarkozy – "Qui imagine le général de Gaulle mis en examen ?" - Bruno Retailleau l'avait invité à se concentrer sur le fond de son projet et à prendre de la hauteur. "Le problème de la petite phrase, c'est que ça cannibalise tout, on ne retient plus que ça. [...] "Je lui recommande d'être sur le fond ou il excelle, il fait des discours gaullistes d'une excellente tenue", avait-il expliqué, toujours au micro d'Europe 1.

Jérôme Chartier, le porte-parole.

Le député du Val-d'Oise, porte-parole de la campagne avec Valérie Boyer, députée des Bouches-du-Rhône, est un fidèle de la première heure et faisait déjà partie de la garde rapprochée de François Fillon lors de la campagne pour la présidence de l'UMP en 2012. Dans les médias, son calme et sa prudence ont toujours fait écho au "sérieux" revendiqué de son candidat. Lorsque Europe 1 l'interrogeait, à quelques jours du premier tour, sur la qualification possible de François Fillon, il préférait tempérer : "On verra bien".

Antoine Gosset-Grainville

Ancien directeur de cabinet adjoint de Matignon, Antoine Gosset-Grainville a notamment été cité dans l'affaire Fillon-Jouyet pour avoir assisté en 2014 au fameux déjeuner lors duquel François Fillon aurait demandé au secrétaire général de l'Elysée, selon des révélations du Monde, d'inciter la présidence à accélérer le cours des affaires judiciaires visant Nicolas Sarkozy. À la tête de son propre cabinet d'avocat BDGS depuis 2013, Antoine Gosset-Grainville ferait profiter le candidat de son important réseau ; c'est vers lui que se tourne François Fillon lorsqu'il a rapidement besoin d'une note sur un sujet, souffle L'Opinion.

Anne Méaux et Myriam Lévy

La première dirige la fameuse agence de conseil en communication Image 7, la seconde, consultante dans la même boîte, est une ancienne journaliste qui s'occupait déjà de la com' de François Fillon à Matignon. Elles ont eu en charge de remettre à flot un candidat dont l'image avait largement été abîmée après la bataille fratricide pour la direction de l'UMP, et qui est longtemps resté à la peine dans les sondages.

www.ingramcontent.com/pod-product-compliance
Lightning Source LLC
Chambersburg PA
CBHW051948280526
45789CB00009B/3212

* 9 7 8 1 5 4 0 6 9 3 9 1 4 *